Christoph Martin Wieland

Geheime Geschichte des Philosophen Peregrinus Proteus

Erster Teil

Christoph Martin Wieland

Geheime Geschichte des Philosophen Peregrinus Proteus
Erster Teil

ISBN/EAN: 9783743312432

Hergestellt in Europa, USA, Kanada, Australien, Japan

Cover: Foto ©Thomas Meinert / pixelio.de

Manufactured and distributed by brebook publishing software (www.brebook.com)

Christoph Martin Wieland

Geheime Geschichte des Philosophen Peregrinus Proteus

Geheime Geschichte des Philosophen Peregrinus Proteus.

Von

C. M. Wieland.

Erster Theil.

Leipzig,
bey Georg Joachim Göschen,
1791.

Vorrede.

Ich habe mich schon, bey einer andern Gelegenheit, etwas von einer kleinen Naturgabe verlauten lassen, die ich (ohne Ruhm zu melden) mit dem berühmten Geisterseher Swedenborg gemein habe, und vermöge deren mein Geist zu gewissen Zeiten sich in die Gesellschaft verstorbener Menschen versetzen, und, nach Belieben, ihre Unterredungen mit einander ungesehen behorchen, oder auch wohl, wenn sie dazu geneigt sind, sich selbst in Gespräche mit ihnen einlassen kann.

Ich gestehe, daß mir diese Gabe zuweilen eine sehr angenehme Unterhaltung verschaft; und da ich sie weder zu Stiftung einer neuen Religion, noch zu Beschleunigung des tausendjährigen Reichs, noch zu irgend einem andern, dem geistlichen oder weltlichen Arme verdächtigen Gebrauch, sondern bloß zur Gemüthsergötzung meiner Freunde, und höchstens zu dem unschuldigen Zweck, Menschenkunde und Menschenliebe zu befördern, anwende: so hoffe ich, für diesen kleinen Vorzug (wenn es einer ist) Verzeihung zu erhalten, und mit dem Titel eines

Vorrede

Geistersehers, der in unsern Tagen viel von seiner ehemaligen Würde verloren hat, gütigst verschont zu werden.

Es ist noch nicht lange, daß ich das Vergnügen hatte, eine solche Unterredung zwischen zwey Geistern von nicht gemeinem Schlage aufzuhaschen, die mich desto mehr interessirte, da sie in ihrem ehemaligen Leben nicht zum Besten mit einander gestanden hatten, und der eine von ihnen mein sehr guter Freund ist.

Dieser letztere, (um die Leser nicht unnöthig rathen zu lassen) war ein gewisser Lucian — keiner von den zwey oder drey Heiligen Lucianen, die mit einem Lichtzirkel um den Kopf in den Martyrologien figuriren; auch nicht Lucian der Mönch, noch Lucian der Pfarrer zu Kaphar-Gamala, der im Jahr des Heils 415 so glücklich war, von Sct. Gamaliel im Traume benachrichtiget zu werden, wo die Gebeine des heiligen Stephanus zu finden seyen; noch Lucian der Marcionit, noch Lucian von Samosata, der Arianer, von dem eine eigene Nebenlinie dieser unglücklichen Familie den Nahmen der Lucianischen führt — sondern Lucian der Dialogenmacher, der sich ehmals mit seinen Freunden Momus und Menippus über die Thorheiten der Götter und der Menschen lustig machte, übrigens aber (diesen einzigen Fehler ausgenommen) eine so ehrliche und jovialische Seele war und noch bis auf diese Stunde ist, als jemals eine sich von einem Weibe gebähren ließ.

Vorrede.

Der andere war eine nicht weniger merkwürdige Person, wiewohl er in seinem Erdeleben in Allem den ausgemachtesten Antipoden meines Freundes Lucian vorstellte, und eine so zweydeutige Rolle spielte, daß er bey den einen mit dem Ruf eines Halbgottes aus der Welt ging, während die andern nicht einig werden konnten, ob der Narr oder der Bösewicht, der Betrüger oder der Schwärmer in seinem Charakter die Oberhand gehabt habe. Alles in dem Leben dieses Mannes war excentrisch und außerordentlich; aber sein Tod war es noch mehr: denn er starb freywillig und feyerlich auf einem Scheiterhaufen, den er vor den Augen einer großen Menge von Zuschauern aus allen Enden der Welt, in der Gegend von Olympia, mit eigner Hand angezündet hatte.

Lucian, der ein Augenzeuge dieses beynahe unglaublichen Schauspiels gewesen war, wurde auch der Geschichtschreiber desselben, und glaubte, als ein erklärter Gegner aller Arten von philosophischen oder religiösen Gauklern, einen besonderen Beruf zu haben, die schädlichen Eindrücke auszulöschen, welche Peregrin (so hieß dieser Wundermann, wiewohl er sich damals lieber Proteus nennen ließ) durch einen so außerordentlichen Heltentod auf die Gemüther seiner Zeitgenossen gemacht hatte: und wie hätte er diesen Zweck besser erreichen können, als indem er sie zu überzeugen suchte, daß der Mann, den sie, nach einer so übermenschlichen That, für den größten aller Weisen, für ein Muster der höchsten menschlichen Vollkommenheit, ja beynahe für einen Gott zu halten sich genöthigt glaubten, weder mehr noch weniger als der größte aller Narren, sein ganzes Leben das Leben eines von Sinnlichkeit und ausschweifender Einbildungskraft beherrschten halbwahnsinnigen Scharlatans, und sein Tod nichts mehr als der schicklichste Beschluß und die Krone eines solchen Lebens gewesen sey.

Ich habe an einem andern Orte *) die Gründe ausgeführt, welche mich überredeten, zu glauben, daß Lucian nicht nur in allem, was er als Augenzeuge von

―――――――――
*) Lucians sämmtliche Werke, 3ter Theil. S. 93. u. f.

diesem Peregrin erzählt, sondern auch in der Erzählung derjenigen Umstände, die er von bloßem Hörensagen hatte, ehrlich zu Werke gegangen, und von dem Gedanken, seine Leser zu belügen und dem armen Phantasten wissentlich Unrecht zu thun, weit entfernt gewesen sey. Aber wie zuverlässig auch Lucians Aufrichtigkeit in dieser Sache immer seyn mag, so bleibt nicht nur die Glaubwürdigkeit der Gerüchte und Anekdoten, die auf Unkosten Peregrins in Syrien und anderer Orten herumgingen, und jenem erzählt worden waren, zweifelhaft: sondern auch die Fragen: „ob Lucian in seinem Urtheile von ihm so unpartheyisch, als man es von einem ächten Kosmopoliten fodern kann, verfahre? und: ob Peregrin wirklich ein so ver-

Vorrede.

ächtlicher Gaukler, und (was sich mit die=
sem Charakter nicht recht vertragen will)
zu gleicher Zeit ein so heißer Schwärmer
und ausgemachter Phantast gewesen sey,
als er ihn ausschreyt? — diese Fragen,
sage ich, bleiben für einen Leser, der es
im Urtheilen über Angeklagte, die sich
nicht mehr vertheidigen können, etwas genauer nimmt als der große Haufe, un-
auflösliche Probleme.

Man kann sich also leicht vorstellen,
wie groß mein Vergnügen war, als ich,
durch einen eben so glücklichen als un-
verhosten Zufall, Gelegenheit bekam, die
erste Unterredung, die zwischen Lucian
und Peregrin im Lande der Seelen
vorfiel, zu belauschen, und aus dem eigenen Munde des letztern Aufschlüsse und

Berichtigungen zu erhalten, wodurch das Mangelhafte in den Lucianischen Nachrichten ergänzt, das Dunkle und Unerklärbare ins Licht gesetzt, und das ganze moralische Räthsel des Lebens und Todes dieses sonderbaren Mannes, auf eine, für mich wenigstens, ziemlich befriedigende Art aufgelöset wird.

Wenn man sich erinnert, daß seit dem Tode beyder redenden Personen beynahe sechzehn hundert Jahre verstrichen sind, so wird man vielleicht unglaublich finden, daß sie in einem so langen Zeitraum nicht eher Gelegenheit gehabt haben sollten, sich anzutreffen und gegen einander zu erklären. Allein fürs erste sind sechzehn Jahrhunderte nach dem Maßstabe, woran die Geister die Zeit zu messen pflegen,

Vorrede.

kaum so viel als nach unserm Zeitmaße eben so viel Jahrzehende: und dann traten bey Lucian und Peregrinen noch besondere Umstände ein, von denen (wiewohl sie zu den Geheimnissen des Geisterreichs gehören) uns vielleicht künftig etwas zu verrathen erlaubt seyn wird, die aber hier nicht an ihrem rechten Orte stehen würden.

Nach diesem kleinen Vorberichte würde mich nun nichts weiter hindern, die Unterredung zwischen den besagten beyden Geistern sogleich mitzutheilen, wenn ich voraussetzen könnte, daß der Inhalt des oben angezogenen Lucianischen Tractats (ohne welchen diese ganze Unterredung unverständlich und ihre Mittheilung zwecklos seyn würde) entweder aus dem

Original, oder aus irgend einer Ueberſetzung allen Leſern bekannt und gegenwärtig wäre. Da es aber billig iſt, auf diejenigen, die ſich nicht in dieſem Falle befinden, Rückſicht zu nehmen: ſo hoffe ich dieſen letztern durch folgenden Auszug aus Lucians Nachrichten von Peregrins Lebensende etwas Angenehmes zu erweiſen.

Die öffentlichen Kampfspiele zu Olympia, womit die 236ste Olympiade begann, waren der Zeitpunkt, und eine Ebene in der Gegend dieser Stadt der Schauplatz, den der Philosoph Peregrinus, auch Proteus genannt, dazu ausersehen hatte, den Griechen und den Fremden aus allen Theilen der Welt, welche diese Spiele zu Olympia zu besuchen pflegten, die außerordentlichste und schauerlichste aller Tragödien, das Schauspiel eines sich freywillig verbrennenden Cynikers, zu geben.

Auch Lucian, wiewohl er die olympischen Spiele schon dreymal gesehen hatte, reisete diesesmal dahin, und als er nach

Elis (der nicht weit von Olympia gelegenen Hauptstadt der Republik dieses
Nahmens) gekommen war, hörte er, indem er bey dem dortigen Gymnaſion vorbeyging, einen cyniſchen Philoſophen, um
den ſich eine Menge Volks verſammelt
hatte, mit der brüllenden Stimme, die
zum Coſtum dieſer Kapuziner der
alten Griechen gehörte, dem Peregrinus eine Lobrede halten, und ſein Vorhaben, ſich zu Olympia zu verbrennen,
in der, ſeinem Orden eigenen, popularen
und beclamatoriſchen Manier rechtfertigen. — Von nun an mag Lucian in ſeiner eigenen Perſon ſprechen.

„Und man darf ſich noch erfrechen (rief
der Cyniker) einen Mann wie Proteus
einer eiteln Ruhmſucht zu beſchuldigen?
O ihr Götter des Himmels und der Erde,
der

der Flüsse und des Meeres, und du Vater Herkules! Wie? diesen Proteus der in Syrien in Banden lag, ihn, der seiner Vaterstadt fünftausend Talente schenkte, ihn, den die Römer aus ihrer Stadt vertrieben, ihn, der unverkennbarer ist als die Sonne, und der es mit Jupiter Olympius selbst aufnehmen könnte. — Ihn beschuldigt man der Eitelkeit, weil er durchs Feuer aus dem Leben gehen will? — That etwa Herkules nicht eben dasselbe? Starb Aeskulap und Dionysos nicht durch einen Wetterstral? und stürzte sich nicht Empedokles in den Flammenschlund des Aetna?" —

Als Theagenes (so nannte sich der Schreyer) dieß gesagt hatte, fragte ich einen der Umstehenden, was er mit seinem Feuer meynte, und was Herkules und

Empedokles mit dem Proteus zu schaffen hätten? — Du weißt also nicht, versetzte er mir, daß Proteus sich nächstens zu Olympia verbrennen wird? — Sich verbrennen? rief ich mit Verwunderung; wie ist das gemeynt? und warum will er sich verbrennen? — Aber wie mir jener antworten wollte, schrie der Cyniker wieder so abscheulich, daß ich kein Wort von dem andern verstehen konnte. Ich hörte also nochmals den erstaunlichen Hyperbolen zu, die jener zum Lobe des Proteus in einem Strom von Worten ausgoß: dem Diogenes und seinem Meister Antisthenes geschähe schon zu viele Ehre, sagte er, wenn man sie nur mit ihm vergleichen wollte. Dazu wäre nicht einmal Sokrates gut genug: kurz, er foderte endlich Jupitern selbst zum Kampf mit seinem Helden heraus; doch fand er zuletzt für besser, die Sachen zwischen ihnen ins Gleichgewicht zu bringen, und schloß seine Rede folgendermaßen: „Mit „Einem Worte, die zwey größten Wun„der der Welt sind Jupiter Olympius „und Proteus: jenen bildete die Kunst „des Phidias, diesen die Natur „selbst; und nun wird dieses herrliche „Götterbild auf einem Feuerwagen „zu den Göttern zurückkehren, und uns „als Waisen zurücklassen!" — Der Mann schwitzte wie ein Braten, indem er dieß tolle Zeug vorbrachte; aber bey den letzten Worten brach er auf eine so komische Art in Thränen aus, daß ich mich des Lachens kaum erwehren konnte; er machte sogar Anstalt sich die Haare auszuraufen, nahm sich aber doch in Acht, nicht gar zu stark zu ziehen. Endlich machten einige Cyniker dem Possenspiel ein

Ende, indem sie den schluchzenden Redner unter vielen Trostsprüchen davon führten.

Er war aber kaum von der Kanzel herabgestiegen, so stieg schon ein Anderer wieder hinauf, um die Zuhörer nicht aus einander gehen zu laffen, ehe er dem noch flammenden Opfer seines Vorgängers eine Libation aufgegoffen hätte. Sein erstes war, daß er eine laute Lache aufschlug, wodurch er, wie man wohl sah, seinem Zwerchfell eine nöthige Erleichterung verschafte. Hierauf fing er ungefähr also an: Hat der Marktschreyer Theagenes seine verwünschte Rede mit den Thränen des Heraklitus beschloffen, so fange ich umgekehrt die meinige mit dem Gelächter des Demokritus an — und nun brach er von neuem in ein so anhaltendes Lachen aus, daß die meisten von uns Anwesenden sich nicht erwehren konnten, ihm Gesellschaft zu leisten. Endlich nahm er sich wieder zusammen, und fuhr fort: „Was könnten wir auch anders thun, meine Herren, wenn wir so höchst lächerliches Zeug in einem solchen Tone vorbringen hören, und sehen, wie bejahrte Männer, um eines verächtlichen kleinen Rühmchens willen, auf öffentlichem Markte nur nicht gar Burzelbäume machen? Damit ihr aber doch das Götterbild, das nächster Tage verbrannt werden soll, etwas näher kennen lernet, so höret mir zu, mir, der schon seit langer Zeit seinen Charakter studiert und sein Leben beobachtet, außerdem aber noch verschiedenes von seinen Mitbürgern und von Personen, die ihn nothwendig sehr genau kennen mußten, erkundiget hat."

„Dieses große Wunder der Welt wurde in Armenien, da er kaum die Jahre der Mannbarkeit erreicht hatte, im Ehebruch ertappt, und genöthigt, mit einem Rettich im Hintern *), sich durch einen Sprung vom Dache zu retten, um nicht gar zu Tode geprügelt zu werden. Gleichwohl ließ er sich bald darauf wieder gelüsten, einen schönen Knaben zu verführen, und bloß die Armuth der Eltern, die sich mit dreytausend Drachmen abfinden ließen, war die Ursache, daß er der Schande, vor den Statthalter von Asien geführt zu werden, entging. Doch, ich übergehe alle seine Jugendstreiche dieser Art; denn damals war das Götterbild freylich noch ungeformter Thon, und von seiner Ausbildung und Vollendung noch weit ent-

*) Eine damals gewöhnliche Art von Selbstrache beleidigter Ehemänner.

fernt. Aber was er seinem Vater gethan, ist allerdings nicht zu übergehen, wiewohl ihr vermuthlich alle schon gehört haben werdet, daß er den alten Mann, weil er ihm mit sechzig Jahren schon zu lange lebte, erdrosselt haben soll. Da die Sache bald darauf ruchtbar wurde, sah er sich gezwungen, sich selbst aus seiner Vaterstadt zu verbannen, und von einem Lande ins andere unstät und flüchtig herum zu irren."

„Um diese Zeit geschah es, daß er sich in der wundervollen Weisheit der Christianer unterrichten ließ, da er in Palästina Gelegenheit fand, mit ihren Priestern und Schriftgelehrten bekannt zu werden. Es schlug so gut bey ihm an, daß seine Lehrer in kurzer Zeit nur Kinder gegen ihn waren. Er wurde gar bald selbst

Prophet, Thiasarch, Synagogenmeister, und mit Einem Wort Alles in Allem unter ihnen. Er erklärte und commentirte ihre Bücher, und schrieb deren selbst eine große Menge; kurz, er brachte es so weit, daß sie ihn für einen göttlichen Mann ansahen, sich Gesetze von ihm geben ließen, und ihn zu ihrem Vorsteher machten. — Es kam endlich dazu, daß Proteus bey Begehung ihrer Mysterien ergriffen und ins Gefängniß geworfen wurde; ein Umstand, der nicht wenig dazu beytrug, ihm auf sein ganzes Leben einen sonderbaren Stolz einzuflößen, und diese Liebe zum Wunderbaren, und dieses unruhige Bestreben nach dem Ruhm eines außerordentlichen Mannes in ihm anzufachen, die seine herrschenden Leidenschaften wurden. Denn sobald er in Banden lag, versuchten die Christianer (die dieß als eine ihnen allen zugestoßene große Widerwärtigkeit betrachteten) das Mögliche und Unmögliche, um ihn dem Gefängniß zu entreißen: und da es ihnen damit nicht gelingen wollte, ließen sie es ihm wenigstens an der sorgfältigsten Pflege und Wartung in keinem Stücke fehlen. Gleich mit Anbruch des Tages sah man schon eine Anzahl alter Weiblein, Wittwen und junge Waisen sich um das Gefängniß her lagern; ja die vornehmsten unter ihnen bestachen sogar die Gefangenhüter, und brachten ganze Nächte bey ihm zu. Auch wurden reichliche Mahlzeiten bey ihm zusammengetragen, und ihre heiligen Bücher gelesen; kurz, der theure Peregrin (wie er sich damals noch nannte) hieß ihnen ein zweyter Sokrates. Sogar aus verschiedenen Städten in Asien kamen einige, die von den dortigen Christianern abgesandt waren, ihm hülfreiche Hand zu leisten, seine Fürsprecher vor Gericht zu seyn, und ihn zu trösten. Denn diese Leute sind in allen dergleichen Fällen, die ihre ganze Gemeinheit betreffen, von einer unbegreiflichen Geschwindigkeit, und sparen dabey weder Mühe noch Kosten. Daher wurde auch Peregrinen seiner Gefangenschaft halber eine Menge Geld von ihnen zugeschickt, und er verschafte sich unter diesem Titel ganz hübsche Einkünfte."

„Uebrigens wurde er (als es zu gerichtlicher Entscheidung seines Schicksals kam) von dem damaligen Statthalter in Syrien wieder in Freyheit gesetzt; einem Manne, der die Philosophie liebte, und sobald er merkte wie es in dem Kopfe dieses Menschen aussah, und daß er Narrs genug war aus Eitelkeit und Begierde zum Nachruhm sterben zu wollen, ihn lieber fortschickte, ohne ihn auch nur einer Züchtigung werth zu halten. Peregrin kehre also in seine Heimath zurück, fand aber bald, daß das Gerücht von seinem Vatermorde noch immer unter der Asche glühte, und daß viele damit umgingen, ihm einen förmlichen Prozeß deßwegen an den Hals zu werfen. Die Hälfte seines väterlichen Vermögens war über seinen Reisen aufgegangen, und der Rest bestand in ungefähr funfzehn Talenten an Feldgütern. Denn die sämmtliche Verlassenschaft des Alten war höchstens dreißig tausend Thaler werth, und nicht fünf Millionen, wie Theagenes lächerlicher Weise geprahlt hatte; eine Summe, wofür das ganze Städtchen Parium und fünf andere benachbarte oben drein, nicht verkauft werden könnten. Wie gesagt also, der Verdacht seines Verbrechens war noch warm, und es hatte alles Ansehen daß in kurzem ein Ankläger gegen ihn auftreten würde. Besonders war das gemeine Volk über ihn aufgebracht, und beklagte, daß ein so wackerer Mann, wie der Alte nach dem Zeugniß aller seiner Bekannten gewesen war, auf eine so gottlose Art aus der Welt gekommen seyn sollte. Nun sehe man, durch welche schlaue Erfindung der weise Proteus sich aus diesem bösen Handel zu ziehen wußte! Er hatte sich inzwischen einen großen Bart wachsen lassen, und ging gewöhnlich in einem schmutzigen Kaput von grobem Tuch, mit einem Tornister auf den Schultern und einem Stecken in der Hand. In diesem tragischen Aufzug erschien er nun in der öffentlichen Versammlung der Parianer, und erklärte sich, daß er hiemit die ganze

Verlassenschaft seines seligen Vaters dem Publiko überlassen haben wolle. Diese Freygebigkeit that auf den gemeinen Mann eine so gute Wirkung, daß sie in laute Bezeigungen ihres Dankes und ihrer Bewunderung ausbrachen. Das heißt man einen Philosophen, schrieen sie, einen wahren Patrioten, einen ächten Nachfolger des Diogenes und Krates! Nun war seinen Feinden der Mund gestopft, und wer sich hätte unterfangen wollen des Vatermordes noch zu erwähnen, würde auf der Stelle gesteiniget worden seyn. Indessen blieb ihm nach dieser Donation nichts anders übrig, als sich abermals aufs Landstreichen zu begeben: denn da konnte er auf einen reichlichen Zehrpfennig von den Christianern rechnen, die überall seine Trabanten machten, und es ihm an nichts mangeln ließen. Auf diese Weise brachte er sich eine Zeitlang durch die Welt. Da er es aber in der Folge auch mit ihnen verdarb — man hatte ihn, glaube ich, etwas das bey ihnen verboten ist, essen sehen — und sie ihn deßwegen nicht mehr unter sich duldeten, gerieth er in so große Verlegenheit, daß er sich berechtigt glaubte, die Güter von der Stadt Parium zurückzufodern, die er ihr ehmals überlassen hatte. Er suchte beym Kaiser um ein Mandat deßwegen an: weil aber die Stadt durch Abgeordnete Gegenvorstellungen that, richtete er nichts aus, sondern wurde befehligt, es bey dem zu lassen, was er einmal aus eigener freyer Bewegung verfügt habe."

„Nunmehr unternahm er eine dritte Reise zum Agathobulus nach Aegypten, wo er sich durch eine ganz neue

Erster Theil.

und verwundrungswürdige Art von Tugendübung hervorthat; er ließ sich nehmlich den Kopf zur Hälfte glatt abscheren, beschmierte sich das Gesicht mit Leim, that (um zu zeigen, daß dergleichen Handlungen unter die gleichgültigen gehörten) vor einer Menge Volks — was schon Diogenes öffentlich gethan haben soll, geißelte sich selbst, und ließ sich von andern mit einer Ruthe den Hintern zerpeitschen, mehrerer noch ärgerer Bubenstreiche zu geschweigen, wodurch er sich in den Ruf eines außerordentlichen Menschen zu setzen suchte. Nach dieser schönen Vorbereitung schiffte er nach Italien über, wo er kaum den Boden betrat, als er schon über alle Welt zu schimpfen und zu lästern anfing, am meisten über den Kaiser, gegen den er sich die ärgsten Freyheiten um so getroster herausnahm, weil er wußte, daß es der ſanfteſte und leutſeligſte Herr war. Wie man leicht denken kann, bekümmerte ſich dieſer wenig um ſeine Läſterungen, und hielt es unter ſeiner Würde, einen Menſchen, der von Philoſophie Profeſſion machte, Worte halber zu ſtrafen, zumal da er das Läſtern und Schmähen ordentlich als ſein Handwerk trieb. Indeſſen half auch dieſer Umſtand ſeinen Ruf vermehren: denn es fehlte unter dem gemeinen Volke nicht an Einfältigen, bey denen er ſich durch ſeine Tollheit in Credit ſetzte; ſo daß der Ober-Policeymeiſter ihm endlich, da er's gar zu arg machte, aus der Stadt hinausbieten mußte, weil man, wie er ſagte, ſolche Philoſophen zu Rom nicht brauchen könnte. Aber auch dieß vermehrte ſeine Celebrität, weil jedermann von dem Philoſophen ſprach, der ſeiner kühnen Zunge und allzugroßen Freymüthigkeit

thigkeit wegen aus der Stadt verwiesen worden sey, und diese Aehnlichkeit ihn mit einem Musonius, einem Dion, einem Epiktet*), und wer sonst von dieser Classe das nehmliche Schicksal erfahren hatte, in Eine Linie stellte."

"Wie er nun hierauf nach Griechenland kam, ließ er seine Schmähsucht bald an den Einwohnern von Elis aus, bald wollte er die Griechen bereden die Waffen gegen die Römer zu ergreifen, bald lästerte er über einen durch seine Gelehrsamkeit und Würden gleich erhabenen Mann*), der unter mehrern andern Ver-

---

*) Von welchen der erste unter dem K. Nero, und die beyden andern nebst allen übrigen Philosophen, so viele ihrer damals in Rom waren, durch ein Decret des K. Domitianus aus Italien verwiesen worden waren.

*) Den **Tiberius Claudius Atticus Herodes.**

diensten um Griechenland eine Wasserleitung nach Olympia auf seine Kosten geführt hatte, damit die Zuschauer der Kampfspiele nicht länger vor Durst verschmachten müßten. Diese Wohlthat machte ihm Peregrin zum Vorwurf, als ob er die Griechen dadurch weibisch gemacht hätte. Es gebühre sich, sagte er, daß die Zuschauer der olympischen Spiele den Durst ertragen könnten, und der Schade sey so groß nicht, wenn auch manche an den hitzigen Krankheiten, die bisher wegen der Dürre dieser Gegend daselbst im Schwange gingen, drauf gehen müßten. Und das alles sagte er während er sich das nehmliche Wasser wohl belieben ließ; eine Unverschämtheit, wodurch die Anwesenden so erbittert wurden, daß alles zusammenlief und im Begriff war, ihn mit Steinen zuzudecken, so daß der tapfere Mann, um mit dem Leben davon zu kommen, zu Jupitern *) seine Zuflucht nehmen mußte."

„In der nächstfolgenden Olympiade erschien er wieder vor den Griechen, und zwar mit einer Rede, woran er in den verflossenen vier Jahren gearbeitet hatte, und worin er, unter Entschuldigung seiner letztmaligen Flucht, den Stifter des Wassers zu Olympia bis an den Himmel erhob. Wie er aber gewahr wurde, daß sich niemand mehr um ihn bekümmerte, und daß er kommen und gehen konnte, ohne das mindeste Aufsehen zu erregen — denn seine Künste waren nun 'was Altes; und etwas Neues, wodurch er in Erstaunen setzen und die Aufmerksamkeit und Bewunderung des Publikums hätte auf sich

---

*) Nehmlich in den Tempel Jupiters zu Olympia, der, wie alle Tempel, eine Freystätte war.

ziehen können, wußte er nicht aufzutreiben, da dieß doch vom Anfang an das Ziel seiner leidenschaftlichsten Begierde gewesen war — so gerieth er endlich auf diesen letzten tollen Einfall mit dem Scheiterhaufen, und kündigte den Griechen bereits an den letzten Olympischen Spielen an, daß er sich an den nächstfolgenden verbrennen würde."

„Und dieß ist nun also das wundervolle Abenteuer, mit dessen Ausführung er, wie es heißt, beschäftigt ist, indem er bereits eine Grube graben, und eine Menge Holz zusammenführen läßt, um uns das Schauspiel einer übermenschlichen Stärke der Seele zu geben." u. s. w. *)

*) Die nun folgende Declamation des Ungenannten, da sie nichts Historisches mehr enthält, wird hier weggelassen.

Erster Theil.

Wie wir (fährt Lucian in eigner Person fort) in Olympia angekommen waren, fanden wir die Galerie hinter dem Tempel mit einer Menge Leuten angefüllt, die theils übel theils rühmlich von dem Vorhaben des Proteus sprachen. Endlich erschien in Begleitung einer Menge Volks mein Proteus selbst, und hielt eine Rede an das Volk, worin er sich über seinen ganzen Lebenslauf, über die mancherley gefahrvolle Abenteuer, die ihm zugestoßen, und das viele Ungemach, so er der Philosophie zu Lieb' ausgestanden, umständlich vernehmen ließ. Er sprach lange; aber da ich der Menge und des Gedränges wegen zu weit entfernt war, konnte ich wenig davon verstehen, und fand endlich, aus Furcht erdrückt zu werden (welches mehr als Einem begegnete) für das sicherste, mich auf die Seite zu machen, und den Sophiſten ſeinem Schickſale zu überlaſſen, der nun einmal mit aller Gewalt ſterben, und das Vergnügen haben wollte, ſich ſelbſt ſeine Leichenrede zu halten. Indeſſen hörte ich doch, wie er ſagte: er habe vor, einem goldnen Leben eine goldne Krone aufzuſetzen; denn es gebühre ſich, daß der Mann, der wie Herkules gelebt habe, auch wie Herkules ſterbe, und in den Aether, woher er gekommen, zurück fließe. „Auch gedenke ich, ſagte er, ein Wohlthäter der Menſchen dadurch zu ſeyn, daß ich ihnen zeige, wie man den Tod verachten müſſe; und ich darf alſo billig erwarten, daß alle Menſchen meine **Philokteten** ſeyn werden.“

Dieſe letzten Worte verurſachten eine große Bewegung unter den Umſtehenden: die Einfältigſten brachen in Thränen aus und riefen: Erhalte dich für die Griechen!

Andere, die mehr Stärke hatten, schrieen: Vollführe was du beschlossen hast! Dieser Zuruf schien den alten Kerl ziemlich aus der Fassung zu bringen; denn er mochte gehofft haben, daß ihn alle Anwesende zurückhalten und nöthigen würden, wider Willen bey Leben zu bleiben. Aber dieß leidige „Vollführe was du beschlossen hast!" fiel ihm so ganz unerwartet auf die Brust, daß er noch blässer wurde als vorher, wiewohl er schon eine wahre Leichenfarbe gehabt hatte, und es wandelte ihn ein solches Zittern an, daß er zu reden aufhören mußte.

Du kannst dir vorstellen wie lächerlich mir das ganze Gaukelspiel vorkam. Denn ein so unglücklicher Liebhaber des Ruhms, wie dieser, verdiente kein Mitleiden, da wohl schwerlich unter allen, die jemals von dieser Plaggöttin gehetzt wurden, Einer war, der weniger Ansprüche an ihre Gunst zu machen gehabt hätte. Indessen wurde er doch von vielen zurück begleitet, und sein Dünkel fand eine stattliche Weide, wenn er über die Menge seiner Bewunderer hinsah, ohne daß der Thor bedachte, daß auch die Elenden, die zum Galgen geführt werden, ein sehr zahlreiches Gefolge zu haben pflegen.

Die Olympischen Spiele waren nun vorüber, und weil eine so große Menge von Fremden auf einmal abging, daß kein Fuhrwerk mehr zu bekommen war, mußte ich wider Willen zurück bleiben. Peregrin, der die Sache immer von einem Tage zum andern aufgeschoben hatte, kündigte endlich die Nacht an, worin er uns seine Verbrennung zum Besten geben wollte. Ich verfügte mich also gegen Mitternacht, in Begleitung eines meiner Freunde, gerades

Weges nach Harpine, wo der Scheiterhaufen stand. Wenn man von Olympia neben der großen Rennbahn ostwärts geht, hat man gerade zwanzig Stadien dahin zu gehen. Wie wir ankamen, fanden wir den Holzstoß in einer ellentiefen Grube aufgesetzt. Er bestand größtentheils aus Kienholz mit dürrem Reisig vermischt, damit das Ganze desto schneller in Flammen geriethe.

Sobald der Mond aufgegangen war (denn billig mußte auch Luna eine Zuschauerin dieser herrlichen That abgeben) erschien Peregrin in seinem gewöhnlichen Aufzug, und mit ihm die **Häupter der Hunde** *), vornehmlich der edle Theagenes, der eine brennende Fackel in der Hand trug, und die zweyte Rolle bey dieser Komödie nicht übel spielte. Auch

*) Der Cynischen Philosophen.

Proteus selbst war mit einer Fackel bewaffnet. Beyde näherten sich von dieser und jener Seite dem Scheiterhaufen und zündeten ihn an. Proteus legte den Tornister, den Cynischen Mantel, und den berühmten Herkulischen Knittel ab, und stand nun in einer ziemlich schmutzigen Tunica da. Hierauf ließ er sich eine Hand voll Weihrauch geben, warf sie ins Feuer, und rief, das Gesicht gegen Mittag gerichtet (denn auch dieß gehörte zur Etikette des Schauspiels) — „O, ihr mütterlichen und väterlichen Dämonen, nehmt mich freundlich auf!" — Mit diesen Worten sprang er ins Feuer, und wurde sogleich durch die rings umgebenden und aufsteigenden Flammen dem Aug' entzogen.

―――――――

Peregrin und Lucian.
Ein Dialog im Elysium.

Peregrin.

Täuschen mich meine Augen? oder ist es nicht mein alter Gönner Lucian von Samosata, den ich nach so langer Zeit wieder sehe?

Lucian
ihn aufmerksam betrachtend.

Wir sind also bessere Bekannte als ich weiß. Und doch ist mir selbst als ob mir deine Züge nicht frembe wären; sie erinnern mich an jemand den ich einst gesehen habe, wiewohl ich mich nicht besinne an wen.

Peregrin.

Es sind freylich über sechzehn hundert Jahre, seitdem wir uns auf der Ebene zwischen Harpine und Olympia zum letzten Male sahen.

Lucian.

Wie? Was für Erinnerungen weckst du plötzlich in mir auf? Solltest du gar der Philosoph Peregrinus Proteus seyn, der den seltsamen Einfall hatte, sich freywillig zu Olympia zu verbrennen?

Peregrin.

Eben der, dem du in deinen Werken ein nicht sehr beneidenswürdiges Denkmahl gesetzt hast.

Lucian.

Närrisch genug, daß ich in meinem Kopfe hatte, du müßtest nothwendig über und über mit Brandblasen überdeckt und so schwarz wie ein Köhler seyn! Du hättest noch zehnmal vor mir vorbeygehen können, ohne daß ich dich in der glänzenden Figur, die du jetzt machst, erkannt hätte.

Peregrin.

Du dachtest wohl damals nicht, daß wir uns nach sechzehn hundert Jahren im Elysium wieder sehen würden?

Lucian.

Aufrichtig zu reden, nein. Schwärmen war nie meine Sache, wie du weißt.

Peregrin.

Und doch lehrt dich nun die Erfahrung, daß es nicht geschwärmt gewesen wäre, wenn du damals über diese Dinge gedacht hätteſt wie du jetzt denkſt.

Lucian.

Um Vergebung! Wie oft ſieht man, ſogar im gemeinen menſchlichen Leben, Dinge geſchehen, welche nicht voraus geſehen zu haben dem klügſten Manne nicht zum Vorwurf gereichen kann? Die Natur hatte mich mit einem kalten Kopfe ausgeſteuert; ich hätte das hitzige Fieber in einem hohen Grade haben müſſen, um mir damals, als ich dich zu Harpine in die Flammen ſpringen ſah, einzubilden, daß ich dich an einem Orte wie dieſer, und ſo wohlbehalten wiederfinden würde.

Peregrin.

Indeſſen beweiſen deine Werke, daß es dir nicht an Einbildungskraft fehlte; oder vielmehr, daß nur wenige sich werden rühmen können, dich an Fruchtbarkeit dieser Seelenkraft übertroffen zu haben.

Lucian.

Aber sie beweisen auch, dächte ich, daß ich die Imagination nie anders als zum Spielen gebrauchte. Im Scherz machte ich wohl mit ihrer Hülfe Reisen in den Mond und nach der Jupitersburg: aber daß ich im Ernst hätte glauben sollen, mit ihr über die Gränzen hinaus fliegen zu können, die unsern fünf Sinnen, und folglich auch unsrer Vernunft in jenem Leben von der Natur gesetzt waren; so etwas konnte eben so wenig in einen Kopf wie der meinige kommen, als der Gedanke, mir im Ernste einen Adlers- und einen Geyersflügel an die Arme zu binden und damit nach dem Monde zu fliegen.

Peregrin.

Dieß geb' ich bir gerne zu; benn alles was baraus folgt, ist, baß es zu beiner eignen Art zu seyn gehörte, beine Einbildungskraft nur zum Scherz, zum Erfinden und Ausmahlen abenteuerlicher Bilber, und zu Belustigung beiner Zuhörer ober Leser zu gebrauchen. Aber ich benke nicht, baß bir bieß ein Recht gab biejenigen zu verspotten, bie einen ernsthaftern Gebrauch von ber ihrigen machten, und, indem sie sich bie Bestimmung und bas künftige Loos bes Menschen ungefähr so einbilbeten, wie wir es wirklich befunben haben, durch die That bewiesen, baß eine gewisse Divinationskraft in unsrer Seele schlummert, bie vielleicht, wie so viele andere Fähigkeiten, in ben meisten Menschen nie erweckt wirb, aber benen, in welchen sie erwacht und zu einem gewissen

gewissen Grade von Lebhaftigkeit gelangt, ein Vorgefühl des Unsichtbaren und Zukünftigen giebt, das in einer feurigen und thätigen Seele natürlicher Weise nicht ohne Wirkung bleiben kann.

Lucian.

Freund Peregrin, wenn es erlaubt ist über einen **Thersites** zu spotten, der schöner als **Phaon** und **Adonis** zu seyn wähnt, oder einen Zwerg lächerlich zu finden, der sich unter einer sechs Schuh hohen Thür bückt, aus Furcht im Durchgehen die Stirne anzustoßen: so sehe ich nicht, warum es so unrecht seyn sollte, über einen Ehrenmann zu lachen, der sich einbildete, vermittelst ich weiß nicht welches eigenen Sinnes das Gras wachsen zu hören, und den Umstand, daß das Gras wirklich gewachsen ist, als eine Bestätigung dieser ihm beywohnenden Gabe geltend machen wollte.

Peregrin.

Und ich sehe eben so wenig, wie man ihm beweisen könnte, daß er diesen Sinn nicht habe, als warum man ihm seinen Wahn, wenn es auch Wahn wäre, nicht unverspottet lassen sollte, zumal wenn er sonst ein unschuldiger und guter Mensch ist.

Lucian.

Es giebt wohl unter der ganzen unermeßlichen Last von Thorheiten, woran der Verstand der armen Erdenkinder krank ist, wenige, die nicht an sich selbst so unbedeutend und unschuldig sind oder scheinen, daß sie nicht mit gleichem Rechte sollten fodern können, unverspottet ihren Weg gehen zu dürfen: und doch sind eben diese kleinen unschuldigen Thorheiten zusammengenommen die Quellen der größten Uebel, von denen das Menschengeschlecht geplagt wird. Keine Thorheit, wie unschuldig sie auch scheinen mag, kann also einen Freybrief gegen den Spott verlangen, der beynahe das einzige wirksame Verwahrungsmittel gegen ihren schädlichen Einfluß ist.

Peregrin.

Gut! aber gestehe mir auch, daß gerade dieser große Hang der Menschen zur Thorheit, und diese fast allgemeine Bethörung, womit selbst diejenigen, die sich die klügsten dünken, unwissend angesteckt sind, es oft schwer macht, sie in ihren raschen Urtheilen über das, was thöricht oder nicht thöricht ist, vor Irrthum zu bewahren. Immer wird viel Behutsamkeit vonnöthen seyn, damit wir den Menschen nicht Schaden zufügen, indem wir ihnen Gutes zu thun glauben, wenn unsre Arzney noch viel schlimmere Wirkungen thut, als das Uebel ist, dem wir abhelfen wollen. Welcher weise und gute Mann wird sich gern der beschämenden Reue aussetzen, eine Meynung, die den Menschen veredelt, die ihn über sich selbst erhebt und zu allem was schön und groß ist begeistert, als einen thörichten Wahn dem Spotte der Narren und Gecken Preis gegeben zu haben?

Lucian.

Nicht alles was gleißt ist Gold, mein edler Freund, und manche Meynung, die kein guter Mensch anfechten würde, wird durch den thörichten Gebrauch, welchen alberne oder brennende Köpfe von ihr machen, belachenswürdig. Ueberhaupt, lieber Peregrin, hat mich ein ruhiger Blick auf die menschlichen Dinge in jenem Leben etwas mißtrauisch gegen alle hochfliegenden Anmaßungen gewisser Leute, deren Absichten selten lange zweydeutig bleiben, gemacht; und ich argwohne immer eine Natter unter den Blumen, wenn ich von Mysterien oder magischen Operationen höre, wodurch die menschliche Natur veredelt, über sich selbst erhoben, und nur nicht gar vergöttert werden soll. Meistens habe ich gesehen, daß diese Dinge nichts als goldfarbige Fliegen sind, womit Betrüger ihre Angeln bestecken und gutherzige Schwindelköpfe damit anlocken, um, wenn sie einmal in den Hamen gebissen haben, etwas weniger als Menschen, oder rund heraus zu reden, Narren und blinde Werkzeuge ihrer geheimen Absichten aus ihnen zu machen. Wer zum Menschen gebohren wurde, soll und kann nichts Edleres, Größeres und Besseres seyn als ein Mensch — und wohl ihm wenn er weder mehr noch weniger seyn will!

Peregrin.

Aber, lieber Lucian, gerade um nicht weniger zu werden als ein Mensch, muß er sich bestreben mehr zu seyn. Unläugbar ist etwas Dämonisches in unsrer Natur; wir schweben zwischen Himmel und Erde in der Mitte, von der Vaterseite, so zu sagen, den höhern Naturen, von unsrer Mutter Erde Seite den Thieren des Feldes verwandt. Arbeitet sich der Geist nicht immer empor, so wird der thierische Theil sich bald im Schlamme der Erde verfangen, und der Mensch, der nicht ein Gott zu werden strebt, wird sich am Ende in ein Thier verwandelt finden.

Erster Theil.

Lucian.

Es wäre denn daß ihn die wohlthätige Natur, wie Merkur den Ulysses beym Homer, mit einem Moly beschenkt hätte, durch dessen Tugend er allen solchen Bezauberungen trotz bieten kann.

Peregrin.

Und wie nennest du diesen wundervollen Talisman? Denn so viel ich mich aus meinem Homer besinne, ist Moly nur der Nahme, den ihm die Götter gaben.

Lucian.

Verstand nenne ich ihn, lieber Peregrin, gesunden gemeinen Meschenverstand.

Peregrin
indem er ihm scharf in die Augen sieht.

Und dieses Moly hätte dich in deinem Leben immer vor der Zauberruthe der schönen Circe verwahrt?

Lucian.

Vor ihren Verwandlungen, allerdings; es setzte mich ungefähr in das nehmliche Verhältniß mit ihr, worein Ulysses durch die Kraft seines Moly mit der Sonnentochter kam. Denn seinem Moly allein, so wie ich dem meinigen, hatte er es zu danken, daß er jenes Aristippische $\varepsilon\chi\omega$ $\varkappa\varkappa$ $\varepsilon\chi o\mu\alpha\iota$*) sagen konnte, worauf in solchen Dingen alles ankommt, wie du weißt.

Peregrin.

Daß du hier bist, beweiset viel für dich — lächelnd aber Abschälungen**) mag es doch gekostet haben?

---

*) Ich habe sie, nicht sie mich.

**) Was er unter diesen Abschälungen versteht, ist in einem andern elysischen Dialog zwischen Lucian und Diokles deutlicher

Lucian.

Davon kann wohl niemand besser aus Erfahrung sprechen als Proteus.

Peregrin.

Die Luft, die wir hier athmen, lieber Lucian, macht uns zu Freunden, wie verschieden wir auch noch immer in unsrer Vorstellungsweise seyn mögen. Aber gestehe nur aufrichtig, du wunderst dich, wie ein so verächtlicher und nichtswürdiger Mensch, als du den armen Peregrin geschildert hast, eine Thür ins Elysium offen finden konnte?

Lucian.

Ich schilderte dich damals wie ich dich sah oder zu sehen glaubte. Freylich muß indessen entweder mit meinen Augen, oder mit deinem inwendigen Menschen eine große Veränderung vorgegangen seyn.

Peregrin.

Vermuthlich mit beyden. Aber doch bin ichs der Wahrheit schuldig, dir, wenn du Muße hast mich anzuhören, eine etwas bessere Meynung von dem, was ich in meinem Erdeleben war, beyzubringen, als du der Nachwelt davon hinterlassen hast.

Lucian.

Ich bin zwar im Begriff eine kleine Reise in unser altes Mutterland zu machen; aber mein Geschäft ist nicht so dringend, daß es Eile erforderte. Ueberdieß können mir die Nachrichten, die ich über gewisse Stellen deiner Lebensgeschichte von dir selbst am zuverläßigsten erhalten könnte, vielleicht bey dem, was der hauptsächlichste Gegenstand meiner Absendung ist, nicht ohne Nutzen seyn.

Peregrin.

Desto besser. Wenigstens gewinnest du immer so viel dabey, daß du nichts von mir hören wirst, als was ich selbst für Wahrheit halte.

Lucian.

Wir sind zwar sogar im Elysium nicht gänzlich von den geheimen Einflüssen der Eigenliebe frey: aber da es unmöglich ist, daß wir vorsetzlich gegen unser Gefühl und Bewußtseyn reden sollten, so bin ich gewiß, daß ich über alles, was du selbst am besten wissen kannst, die reine Wahrheit von dir erfahren werde. Die Quellen, woraus ich ehmals meine Nachrichten schöpfte, mögen wohl nicht immer die lautersten gewesen seyn, wiewohl ich allerdings den Willen hatte, dir kein Unrecht zu thun.

Peregrin.

Wer weiß besser als du, wie wenig auf die Erzählungen und Urtheile der Sterblichen von einander zu bauen ist? Jene werden schon dadurch allein fast immer verfälscht, daß man diese, es sey nun unvermerkt oder mit Vorsatz, unter jene einmischt, und also den Sachen durch unsre Meynungen von ihnen fast immer eine falsche Farbe oder ein betrügliches Licht giebt. Selten ist der Erzähler ein Augenzeuge, noch seltner der Augenzeuge ganz unbefangen, und ohne alle Partheylichkeit, vorgefaßte Meynung oder Nebenabsicht; und fast immer vergrößert oder verkleinert, verschönert oder verunstaltet er was er gesehen hat. Du, zum Exempel, hattest den Willen mir kein Unrecht zu thun: aber ich war ein Christianer gewesen, und du hieltest alle Christianer für Schwärmer oder Schelme; ich war in den Orden des Diogenes übergegangen, und dein Haß gegen die Cyniker ist bekannt genug, da du keine Gelegenheit versäumtest, ihm die möglichste Publicität zu geben. Wie hättest du also den armen Peregrin, mit allem guten Willen ihm kein Unrecht zu thun, in keinem ungünstigen Lichte sehen sollen? Ihn, auf den der ehemalige Christianer und der nunmehrige Cyniker einen doppelten Schatten warf?

Lucian.

Was die Cyniker betrift, so muß ich dich um Erlaubniß bitten zu bemerken, daß ich anstatt ein Feind, vielmehr ein Bewunderer ihres Ordens, seiner ersten Stifter und der wenigen ächten Glieder, die ihm Ehre brachten, war. Mein Demonax und mein Dialog mit einem Cyniker sollten mich, dächte ich, über diesen Punkt hinlänglich gerechtfertiget haben. Vermuthlich würde ich auch mit den Christianern gelinder verfahren seyn, wenn ich jemals so glücklich gewesen wäre, nur einen einzigen edeln und liebenswürdigen Menschen von dieser Secte kennen zu lernen.

Peregrin.

Dieß wäre eben nicht unmöglich gewesen, wiewohl ich gestehen muß, daß ein ächter Christianer zu unsrer Zeit eben so selten war als ein ächter Cyniker.— Aber dieß für jetzt bey Seite gesetzt, antworte mir, wenn ich bitten darf, nur auf eine einzige Frage.

Lucian.

Sehr gern. Frage was du willst.

Peregrin.

Der wackere Unbekannte, der zu Elis, von der öffentlichen Redekanzel herab, so viel schändliche Dinge von mir erzählt haben soll, war er eine wirkliche Person? oder hast du ihn vielleicht nur aufgestellt, um deine Composition einfacher zu machen, und einem Einzigen in den Mund gelegt, was du vielleicht von verschiedenen Personen zu verschiedenen Zeiten über mich gehört hattest?

Lucian.

Gewissermaßen beydes.

Peregrin.

Ich erinnere mich nun selbst wieder, daß mir Theagenes, sobald er nach Olympia kam, etwas von einem solchen Auftritt zu Elis erzählte, wo ihn sein übermäßiger, und (wie ich glaube) nicht ganz lautrer Eifer für den Ruhm des Cynischen Ordens antrieb, die Kanzel zu besteigen, um mir und meinem Vorhaben die Lobrede zu halten, die dir so anstößig war.

Lucian.

Der Unbekannte war also kein Geschöpf von meiner Erfindung. Er schien, der Aussprache nach, ein Bithynier oder Paphlagonier von Geburt, ein Epikuräer von Profession, und übrigens ein Mann zu seyn, der viel gereiset und kein Neuling in der Welt war. Die Leidenschaft, womit dieser Mann gegen dich declamirte, hätte

hätte mir seine Erzählung vielleicht verdächtig machen sollen: aber mein natürlicher Haß gegen einen jeden, der etwas Außerordentliches seyn wollte, die nachtheilige Meynung, die ich bereits von dir hegte, und die Uebereinstimmung des Charakters, den er von dir machte, mit meiner eigenen vorgefaßten Meynung, und mit den Nachrichten, die ich aus andern Quellen erhalten hatte, — alles dieß zusammen machte mich geneigt ihm zu glauben, und die Heftigkeit, womit er gegen dich sprach, einer der meinigen ähnlichen Sinnesart zuzuschreiben. Hierzu kam noch, daß ich in dem Resultat seiner ganzen Erzählung den Schlüssel zu finden glaubte, der mir das Außerordentliche in deinem Leben, und besonders die seltsame Art wie du es zu endigen vorhattest, aufzuschließen schien. Indessen gestehe ich offenherzig, daß ich kein Bedenken trug, die Erzählung des Ungenannten mit verschiedenen Anekdoten, die ich in verschiedenen Zeiten und Gelegenheiten aufgelesen hatte, vollständiger zu machen. Auch war das Orakel des Bakis, das ich ihn dem Spruche der Sybylle stehendes Fußes entgegen setzen ließ, eine Verschönerung von meiner eigenen Erfindung.

Peregrin.

Man kann, denke ich, immer darauf rechnen, daß Schriftsteller, denen es mehr um Beyfall als um strenge Wahrheit zu thun ist, sich eben kein Gewissen daraus machen werden, der Composition zu Liebe manchen Eingriff in die Rechte der letztern zu thun. Ein Bißchen Unwahrheit und Ungerechtigkeit mehr oder weniger, wenn es darauf ankommt einen witzigen Einfall anzubringen oder eine Periode zu runden, ist eine sehr unbedeutende Kleinigkeit in ihren Augen. Wer das Unglück hat, der Gegenstand einer **Philippica***) zu seyn, muß freylich unter diesem hergebrachten Vorrecht witziger Schriftsteller leiden: dafür aber befinden sich auch die Glücklichen, denen Lobreden zu Theil werden, desto besser dabey, und gewinnen oft, eben so unverdienter Weise, doppelt und dreyfach wieder was jene verloren haben. Ich kann also, da du mein Bild vom Theagenes vergolden, von dem Unbekannten hingegen mit Koth übertünchen ließest, immer eines gegen das andere aufgehen lassen: aber es bleibt mir noch eine an-

---

*) Bekanntermaßen werden die Declamationen des Demosthenes gegen den König Philippus von Macedonien so genannt.

bere kleine Beschwerde übrig, gegen welche es vielleicht schwerer seyn dürfte, deine Unpartheylichkeit hinlänglich zu rechtfertigen.

Lucian.

Vermuthlich, daß ich so leicht über die Rede wegging, die du selbst wenige Tage vor der Ceremonie an die Versammlung zu Olympia hielteſt?

Peregrin.

Und worin ich mich, wie du dich erinnern wirſt, über alle zweydeutigen Stellen meiner Lebensgeschichte umſtändlich genug vernehmen ließ. Wie kam es, daß der große Freund der Wahrheit, — der so gewiſſenhaft war, von allem was der Unbekannte zu meinem Nachtheil vorgebracht hatte, kein Wort auf die Erde fallen zu laſſen, — von allem was ich selbst zu meiner Rechtfertigung sagte, und was als die letzte Erklärung eines Sterbenden doch immer einiger Aufmerksamkeit werth war, nicht ein einziges armes Wörtchen vom Boden aufzuheben würdigte? Denn daß die angeführte Entschuldigung — „du wärest, der Menge „und des Gedränges wegen, zu weit ent„fernt gewesen um etwas davon zu verste„hen" — nicht eine bloße Ausrede gewesen sey, wird sich ein unbefangener Leser schwerlich überreden lassen.

Lucian.

Aufrichtig zu reden, lieber Peregrin, ich zweifle sehr, ob du damals, wenn du von mir hättest reden oder schreiben sollen, gerechter gegen mich gewesen wärest als ich gegen dich. Wir waren beyde zu ganz das was wir waren, ich zu kalt, du zu warm, du zu sehr Enthusiast, ich ein zu überzeugter Anhänger Epikurs, um einander in dem vortheilhaftesten Lichte zu sehen. Ein inniges Gefühl von Verachtung war mit dem Begriff eines Schwärmers (unter welchem ich mir unmöglich etwas anders als entweder einen Narren oder einen Spitzbuben denken konnte) zu genau in mir verbunden, um nicht, selbst auf eine instinctmäßige Weise, bey solchen Gelegenheiten auf mich zu wirken. Ich hatte weder Achtung noch Neugier genug für das, was du dem Volke vortrugst, um mich, mit Gefahr halb erdrückt zu werden, durch die Menge von Menschen, welche Kopf an Kopf um die Redekanzel herum standen, näher hinzu drängen — oder mich frühe genug eines Platzes neben derselben zu versichern. Es war also die pure Wahrheit, da ich sagte ich hätte wenig oder nichts von deiner Rede verstanden; und erst, als viele, die es in dem erstickenden Gedränge nicht mehr aushalten konnten, sich mit Händen und Füßen wieder heraus arbeiteten, fand ich Gelegenheit, nahe genug zu kommen um den Schluß derselben zu hören. Um so mehr wirst du mich demnach verbinden, guter Peregrin, wenn du mir durch die versprochnen Berichtigungen deiner Geschichte zu einer unverfälschten Kenntniß deines Charakters verhelfen willst. Wenn dirs gefällt, so setzen wir uns dazu unter diesen Platanus, der jenem Sokratischen am Ufer des Jlyssus so ähnlich sieht.

Peregrin.

Sehr gerne. Höre also, was ich dir von meiner Jugend, von meinen ersten

Wanderungen, meiner Gemeinschaft mit den Christianern, meinem Uebergang zu den Cynikern, meinem Aufenthalt in Alexandrien, Rom und Athen, und endlich von den Bewegursachen, warum ich meinem irdischen Leben ein so außerordentliches Ende machte, mit aller Aufrichtigkeit, die eine natürliche Folge unsers gegenwärtigen Zustandes ist, erzählen werde. Es kommt, wie du weißt, bey dem Menschen nicht weniger als bey den Pflanzen, sehr viel wo nicht alles darauf an, in welchem Boden und unter welchen Einflüssen die zartesten Fasern ihrer aufkeimenden Natur entwickelt und genährt worden sind. Du wirst mir also erlauben, lieber Lucian, meine Geschichte, wie jener Dichter die Zerstörung des Trojanischen Reichs, vom Ey anzufangen.

Parium, wo ich gebohren wurde, war eine römische Pflanzstadt in der Provinz Mysien auf der östlichen Küste des Hellesponts, die durch ihre Lage an einem kleinen Busen der Propontis, der ihr zum Hafen diente, und durch die Betriebsamkeit ihrer Einwohner zu einer der blühendsten Städte dieser glücklichen Gegenden geworden war. Mein Vater war ein Kaufmann, den seine Geschäfte zu häufigen Reisen veranlaßten; und da er weder Zeit noch Lust hatte, sich meiner Erziehung selbst anzunehmen, so willigte er desto lieber ein, mich, sobald ich das Gynäceon verließ, der Aufsicht und Pflege meines mütterlichen Großvaters Proteus zu überlassen, der sich fast immer auf seinem nahe bey der Stadt gelegenen Landgut aufhielt.

Nach dem Tode meiner Mutter, die ich am Eintritt in meine Jünglingsjahre verlor, wurde ich von ihrem Vater mit Bewilligung des meinigen an Kindesstatt angenommen, und erhielt dadurch den Beynahmen Proteus; wiewohl ich mich in der Folge auf meinen Wanderungen, je nachdem es mir schicklicher war, bald des einen bald des andern Nahmens bediente. Du siehest, lieber Lucian, daß ich wenigstens ziemlich unschuldig zu dem Nahmen gekommen bin, der dir zu einer mir nicht sehr rühmlichen Vergleichung meiner Wenigkeit mit Homers ägyptischem Meergotte geholfen hat.

Lucian
lächelnd.

Desto besser, lieber Peregrinus Proteus, desto besser! Um so mehr habe ich

Hofnung, zu hören, daß du zu einigen andern noch weniger schmeichelhaften Beynahmen, womit der Ruf deine Jugend angeschmitzt hat, eben so unschuldig gekommen bist.

Peregrin.

Du wirst — und kannst in der Lage, worin wir uns befinden — nichts als die reine Wahrheit von mir hören.

Lucian.

Das versteht sich — also nur weiter, wenn ich bitten darf.

Peregrin.

Die Natur hatte mich zu einer glücklichen Gestalt und Gesichtsbildung mit einer sehr zarten Empfänglichkeit für sinnliche Eindrücke, und mit einer äußerst beweglichen, warmen und wirksamen Einbilbungskraft beschenkt. Bey einer solchen Anlage konnte es wohl nicht anders seyn, als daß Homer, mit dessen Rhapsodien meine litterarische Erziehung, der Gewohnheit nach, angefangen wurde, unbeschreiblich auf meine Imagination wirkte; vornehmlich alles Wunderbare, die Götterscenen auf dem Olymp und auf der Erde, und die Feerey der Odyssee. Mein Pädagog, der nichts als Wörter, Redensarten und Dialekte, grammatische und rhetorische Figuren, Mythologie, alte Geschichte und Geographie — und auch dieß alles nur mit den Augen eines stumpfsinnigen Pedanten in dem Dichter sah, trug nichts dazu bey, die Art, wie dieser auf mich wirkte, zu begünstigen oder zu berichtigen, zu verstärken oder zu schwächen. Da er in meinem Gedächtniß alles fand, was seine stolzesten Erwartungen befriedigte, so prieß er bey allen Gelegenheiten nur meine Gelehrigkeit an, und that sich nicht wenig darauf zu gut, daß ich eine Menge großer Stellen aus allen Gesängen, das ganze Verzeichniß der Schiffe, die Nekyomantie, den Tod der Freyer, und dergleichen, troß einem Rhapsodisten von Profession herbeklamiren konnte, und nicht nur alle Trojaner, die von Diomedens und Achillens Hand gefallen waren, mit Nahmen zu nennen, sondern sogar die Wunden, die jeder empfangen, so genau anzugeben wußte, als ob ich Feldarzt im griechischen Lager gewesen wäre. Um alles übrige, und wie oder wodurch Homer zu viel oder zu wenig zu meinem Vortheil oder Nachtheil, auf mich wirken mochte, blieb er um so unbekümmerter, da er von einem Schaden, den ich dadurch leiden könnte, eben so wenig als von der Behandlung, die in jedem Fall nöthig wäre, die leiseste Ahndung hatte.

Mein Großvater trug zu viel zu der ersten Bildung meiner Seele bey, als daß mich mich überheben könnte, dich etwas genauer mit ihm bekannt zu machen. Er war einer von den eben so unschädlichen als unnützlichen Sterblichen, die, weil sie selbst wenig an die Welt fodern, sich berechtigt halten, noch etwas weniger für sie zu thun als sie von ihr erwarten. Im Genuß eines mäßigen aber seinen Aufwand noch immer übersteigenden Erbgutes hatte er binnen mehr als siebzig Jahren, die er verlebte, oder, eigentlicher zu reden, verträumte, nie einen Finger gerührt es zu vergrößern, noch einen Augenblick dazu verwandt, eine Vergleichung zwiſchen ihm ſelbſt und ſeinen reichern Nachbarn zum geringſten Nachtheil ſeiner Leibes- und Gemüthsruhe anzuſtellen. Er liebte zwar das Vergnügen, aber nur in ſo fern es ſeiner Trägheit nicht zu viel koſtete; und weil man, außer den Stunden der Mahlzeit und des Bades, doch nicht immer auf ſeinem Ruhebettchen oder an einer rieſelnden Quelle ſchlummern, oder dem Lauf der Wolken und dem Tanz der Mücken in der Abendſonne zuſehen kann: ſo hatte er ſich, zum Zeitvertreib, eine Art von Philoſophie und Litteratur ausgewählt, die ſeiner Gemächlichkeit die zuträglichſte war, und die Stelle deſſen was bey andern Menſchen Beſchäftigung des Geiſtes iſt bey ihm vertrat.

Der Zufall, der im menſchlichen Leben ſo viel entſcheidet, hatte ihn in ſeinen jüngern Jahren etlichemal mit dem berühmten Apollonius von Tyana zusammen gebracht, und die Eindrücke, die dieser außerordentliche Mann auf sein Gemüth gemacht hatte, waren stark genug gewesen, um sich bis ins hohe Alter beynahe in immer gleichem Grade der Lebhaftigkeit zu erhalten. Der einzige Mann, von dem ich ihn jemals mit einer Art von Bewunderung sprechen hörte, war Apollonius. Apollonius war ihm das höchste Ideal menschlicher oder vielmehr übermenschlicher Vollkommenheit; denn es war aus dem Tone, worin er von ihm sprach, leicht zu merken, daß er ihn für irgend einen menschgewordnen Gott oder Genius hielt; und in der That hatte es dieser neue Pythagoras bey allen seinen Handlungen und Reden darauf angelegt, diese Meynung von sich zu erwecken und

zu

Erster Theil.

zu unterhalten. Dem ungeachtet fand doch mein Großvater keinen Beruf in sich, die Zahl der sieben Jünger zu vermehren, welche Apollonius vor seiner Reise nach Indien immer um sich hatte. Alles was der vermeynte Gottmensch auf ihn wirkte, war, daß die Neugier für außerordentliche Dinge, die ein so wesentlicher Charakterzug aller trägen Menschen ist, eine bestimmtere Richtung bey ihm erhielt, und zu einer erklärten Liebhaberey für das wurde, was man in unsrer Zeit pythagorische Philosophie nannte. Proteus, dessen Sache nicht war, in den Geist der Philosophie eines Mannes wie Pythagoras einzubringen, machte sich einen so weiten und willführlichen Begriff von derselben, daß alles Aechte und Unächte Platz darin hatte, was dem ägyptischen Hermes, dem baktrianischen Zoroaster, dem indianischen Budbas, dem hyperboreischen Abaris, dem thrazischen Orpheus, und allen andern Wundermännern des Alterthums von der Tradition zugeschrieben oder von verschmitzten Betrügern untergeschoben wurde. Er sammelte sich nach und nach einen ansehnlichen Schatz von großen und kleinen Büchern, theosophischen, astrologischen, traum- und zeichendeuterischen, magischen, mit Einem Worte, übernatürlichen Inhalts — auf Pergament, ägyptischem und serischem Papier, Palmblättern und Baumrinden geschrieben, — über Götter und Geister, — über die verschiedene Arten ihrer Erscheinungen und Einwirkungen, über ihre geheimen Nahmen und Signaturen, über die Mysterien, wodurch man sich die guten Geister gewogen und die bösen unterthänig machen könne, —

über die Kunst Talismane und Zauberringe zu verfertigen, über den Stein der Weisen, die Sprache der Vögel, — kurz über alle Schimären, womit griechische und barbarische Beutelschneider, sogenannte Chalbäer, herumziehende Bettelpriester der Isis oder der großen Göttermutter, und andere Schlauköpfe von diesem Schlage, die gern betrogene Leichtgläubigkeit müßiger Thoren zu unterhalten und zinsbar zu machen wußten. Je seltsamer, dunkler und räthselhafter diese Schriften klangen, desto höher stieg ihr Werth bey ihm; und waren sie vollends in lauter Hieroglyphen geschrieben, so glaubte er ein paar Blätter, zumal wenn sie etwas mufficht rochen und ein Ansehn von moderndem Alterthum hatten, um hundert und mehr Drachmen noch sehr wohlfeil bezahlt zu haben.

Bey allem dem war es doch natürlich, daß die Indolenz des guten Proteus sich auch nach einer leichtern und verdaulichern Nahrung sehnte; und daher machten alle Arten von Wundergeschichten, Götter- und Helden-Legenden, Geistermährchen, milesische Fabeln und dergleichen, keinen kleinen Theil seiner Bibliothek und seine gewöhnliche Erholung aus, wenn er sich an dem vergeblichen Versuch, in jenen geheimnißvollen Schriften klar zu sehen, ermüdet hatte. Glücklicher Weise für ihn waren die Eindrücke, die diese Lesereyen auf seine Imagination machten, flüchtig genug, daß er sie der Reihe nach zwanzigmal durchlesen konnte, und jedesmal wieder ungefähr eben so viel Reitz darin fand, als eine Seele wie die seinige nöthig hatte, um in diesen Mittelstand von Traum und Wachen versetzt zu werden, worin er seine einsamen Stunden am liebsten hinzubringen pflegte. Dieses Mittel, sich selbst auf eine angenehme Art um seine Zeit zu betrügen, reichte um so eher zu, da in der That, ungeachtet er fast alle Gemeinschaft mit den Parianern abgebrochen hatte, wenige Tage oder Wochen im Jahre vergingen, wo er sich ganz allein gesehen hätte. Denn seine bald genug bekannt gewordene Neigung zu den geheimen Wissenschaften und Künsten zog ihm eine Menge Besuche von Fremden zu, die das ihrige zu Befriedigung derselben beyträgen wollten. Herumziehende Chaldäer und Magier, reisende Pythagoräer, und Leute, die mit der Art von Handschriften, auf die er so erpicht war, handelten, gingen bey ihm immer ab und zu; selten fehlte es ihm an dem einen oder andern Commensalen dieser Art, und es würde einem, der ihre Tischreden aufgeschrieben hätte, ein leichtes gewesen seyn, in kurzer Zeit ganze Karren voll solcher Conversationen, wie du eine in deinem Lügenfreunde verewiget hast, zusammen zu bringen. In den letzten Jahren seines Lebens ließ er sich von einem hermetischen Adepten überreden, eine geheime Werkstätte in seinem Hause anzulegen, worin Tag und Nacht an dem großen Werke, das man in spätern Zeiten den Stein der Weisen nannte, gearbeitet wurde: aber glücklicher Weise starb er noch zeitig genug, um den Plan des Adepten zu vereiteln, der sich wahrscheinlich mit guter Art zum Erben des alten Mannes zu machen hoffte.

Du siehest leicht, lieber Lucian, was die Erziehung in dem Hause eines solchen

Großvaters bey einem jungen Menschen mit einer Anlage wie die meinige natürlicher Weise für Folgen haben mußte. Dazu kam noch, daß ich der Liebling des alten Proteus war, und daß er sich eine eigne Freude daraus machte, mich so gut er konnte und wußte in den Geheimnissen seiner Philosophie zu initiieren. Sein Museon stand mir immer offen; ich mußte ihm oft, wenn er auf seinem Ruhebette lag, vorlesen, und er fand großes Behagen daran, aus meiner Neugier für diese Dinge, und aus der Leichtigkeit womit ich mich in alles zu finden wußte, zu augurieren, daß dereinst (wie er sich ausdrückte) ein großer Mann aus mir werden würde. Das einzige, was er nicht an mir bemerkte, war der Unterschied, der bey aller dieser anscheinenden Sympathie zwischen seiner und meiner Sin=

nesart vorwaltete. Ihm war das Wunderbare nichts als eine Puppe, womit seine immer kindisch bleibende Seele spielte; bey mir wurde es der Gegenstand der ganzen Energie meines Wesens; was bey Ihm Träumerey und Mährchen war, füllte mein Gemüth mit schwellenden Ahnbungen und helldunkeln Gefühlen großer Realitäten, deren schwärmerische Verfolgung meine Gedanken Tag und Nacht beschäftigte. — Er belustigte sich an philosophischen Bildern, Räthseln und Hieroglyphen, wie ein Kind an bunten Blumen oder Schmetterlingen Freude hat; ich bestrebte mich in ihren tiefsten Sinn einzubringen; kurz, er liebte das Außerordentliche, weil es den ewigen Schlummer seiner natürlichen Trägheit durch angenehme Träume unterbrach, und ich brannte schon als ein Mittelding von

Knabe und Jüngling vor Begierde, außerordentliche Dinge zu erfahren und zu thun.

Lucian.

Oder, mit andern Worten, der Unterschied zwischen euch war der: dein Großvater las die Geschichte der Abenteurer zum Zeitvertreib, und Du machtest alle mögliche Anstalten selbst auf Abenteuer auszuziehen. Allerdings ein sehr wesentlicher Unterschied, und wovon du in deinem ganzen Leben die Folgen stark empfunden hast.

Peregrin.

Ohne mich jemals eine derselben gereuen zu lassen.

Lucian.

Um Verzeihung, daß ich dich unterbrochen habe! Es soll, ohne Noth, nicht wieder geschehen. Fahre immer fort, ich bin lauter Ohr.

Peregrin.

In der Bibliothek meines Großvaters befand sich auch das Buch des Empedokles von der Natur, Platons Gastmal, und Phädrus und die Dialogen von der Republik, und einige kleine Schriften des Heraklitus. Weil es gerade die einzigen waren, die er nicht zu lesen pflegte, so mochten sie, dicht mit Staube bedeckt, hinter einem Vorhang von Spinneweben schon zwanzig oder dreyßig Jahre ruhig gelegen haben, als ihm einst, da er um etwas Neues verlegen war, zufälliger Weise Platons Gastmal, als ein Werkchen, das sehr sinnreich und unterhaltend seyn sollte, vor die Stirne kam. Ich mußte es holen, und ihm, da er nach einer tüchtigen Mahlzeit aus dem Bade kam, an seinem Ruhebette vorlesen. So lange Phädrus, Pausanias, Eryximachus und Aristophanes ihre Meynungen von der Liebe vortrugen, ging es ziemlich gut; der letzte machte ihn so gar mit seiner komischen Hypothese über die ursprüngliche Natur der Menschen und die wahre Ursache der verschiedenen Arten von Liebe, mehr als einmal laut auflachen. Bey der eleganten Hymne, die der schöne Agathon dem Amor singt, fing er mitunter zu gähnen an; aber wie endlich Sokrates das Wort nimmt, und nach einer Disputation in seiner eigenen Manier, die mein Alter sehr langweilig fand, der Gesellschaft den Unterricht mittheilt, den er ehmals von der Prophetin Diotima über die Liebe und die Kunst zu lieben empfangen zu haben vorgiebt: schlief er unvermerkt so fest ein, daß ich Zeit hatte, diesen Theil des Symposions, der sich meiner ganzen Aufmerksamkeit bemächtigte, zwey oder dreymal wieder zu lesen und zu meditieren, bevor er wieder aufwachte. Ich legte mich noch in derselben Nacht nicht eher schlafen, bis ich diesen Discurs der Diotima heimlich abgeschrieben hatte; und als ich am folgenden Morgen, wie ich das Buch an seinen Ort zurück trug, seine Mitverbannten in eben demselben Winkel liegen sah, und aus den bloßen Titeln und Nahmen der Verfasser von der Wichtigkeit des gefundenen Schatzes urtheilte, nahm ich sie alle mit, und verwandte von Stund' an keinen Augenblick, über den ich Meister war, auf etwas anders als diese Schriften zu lesen, wieder zu lesen, zu durchdenken, zu vergleichen, und aus den Ideen, die sie in mir entwikkelten, wo möglich ein Ganzes in mir selbst zu bilden. Mein bisheriges Leben schien mir dem Zustand eines Menschen zu gleichen, über dem, nachdem er lange bey schwachem Mondschein in einem dicht bewachsenen Walde herumtappte, die Morgendämmerung aufzugehen anfängt. Aber nun ward es auf einmal Tag und Sonnenschein in meiner Seele. Sie wurde anfangs dadurch geblendet, stärkte sich aber unvermerkt durch das Lichtbad selbst, worin sie zu schwimmen glaubte, und erstaunte, sich auf einer Anhöhe zu finden, wo sie, von der reinsten Himmelsluft umflossen, in eine unermeßliche Welt voll Schönheit hinaus sah, und in dem Wonnegefühl ihrer eigenen Freyheit, Kraft und Größe sich vergöttert fühlte.

Lucian.

Deine Seele, lieber Peregrin, muß (mit der ehrwürdigen Prophetin Dioti-ma zu reden) von einer ganz erstaunlichen Fruchtbarkeit gewesen seyn, da sie die Berührung eines Plato, Empedokles und Heraklitus nöthig hatte, um auf einmal von einer ganzen Welt voll Licht und Schönheit entbunden zu werden.

Peregrin.

Wenn dieß nicht Scherz wäre, Lucian, so würde ich sagen, daß die Einwirkung dieser Weisen auf mein Innerstes eher mit einem Funken, den der Stahl aus einem Feuerstein schlägt, verglichen werden könnte. Denn was sie in mir entzündeten, war im Grunde nur eine einzige aber unauslöschliche Flamme, die von diesem Augenblick an die Quelle alles

Lichts und Lebens in mir wurde; oder, um mich noch genauer auszudrücken, mir war, da diese Flamme in mir hervor brach, als ob eine dunkle dichte Rinde, die mein Wesen bisher umschlossen hätte, plötzlich von mir abfiele; ich erblickte mich nicht mehr in einem S p i e g e l außer mir, sondern i n m i r s e l b s t, erkannte mich selbst zum erstenmal, und bedurfte von diesem Augenblick an keines Pythagoras noch Platons mehr dazu; so wenig als die Sonne einer fremden Beleuchtung und Erhitzung bedarf um lauter Licht und Feuer zu seyn.

Lucian.

Ich bekenne dir unverholen, Freund Peregrin, daß ich meines Orts noch einiges fremden Lichtes nöthig habe, um zu verstehen was du mir hier offenbarest.

Allem Ansehn nach muß mein Wesen seine alten Schalen und Rinden noch nicht alle durchbrochen haben.

Peregrin.

Das könnte leicht seyn, lieber Lucian. Doch vielleicht kann ich dir durch ein einziges Wort verständlicher werden. Du erinnerst dich vermuthlich, da du Platons Symposion gelesen hast, was Diotima von der Liebe als einem Dämon, das ist, nach ihrer Erklärung, einem Mittelwesen zwischen der sterblichen und unsterblichen Natur, spricht. So einleuchtend mir diese Theorie war, die ich (wie beynahe alle Platonischen Begriffe) immer in mir geahndet zu haben glaubte, so sahe ich doch anfangs diesen Dämon der Liebe noch außer mir: nur daß er mir, durch eine sonderbare

derbare Art von Täuschung, immer näher zu kommen, immer anschaulicher zu werden schien. Die Rinde, von der ich dir sagte, wurde immer dünner und dünner, und in eben diesem Maße ward es auch immer heller in meinem Inwendigen; kurz, sie wurde endlich so dünn, daß ein einziger Vers des Empedokles, der mir zufälliger Weise in die Augen fiel, genug war, sie ganz zu durchbrechen. Nun fühlte ich mich gleichsam von mir selbst entbunden, fühlte daß der Dämon der weisen Diotima in mir, oder vielmehr, daß ich selbst der Dämon sey, der keiner Vermittlung eines dritten, sondern bloß des ihm eigenen ewigen Verlangens und Aufstrebens nach dem höchsten Schönen und Vollkommnen nöthig habe, um im Genuß desselben Eudämon, das ist, der reinsten Wonne, deren ein Dämon fähig ist, theilhaftig zu seyn, und im Genuß des Göttlichen sich selbst vergöttert zu fühlen.

Lucian.

Ich fange an zu besorgen, daß, um die erhabenen Dinge, die du mir sagst, zu fassen, ein eigener Sinn erfodert wird, womit die Natur mich zu versehen vergessen haben muß.

Peregrin
lächelnd.

Es ist nichts als die Rinde, die du noch nicht ganz durchbrochen hast, Lucian.

Lucian.

Wie es auch damit seyn mag, so muß ich dich bitten, wenn du in deiner Geschichte fortfahren willst, dich so nahe als dir immer möglich ist an meiner Rinde zu halten, und eine Sprache mit mir zu reden die ich verstehe, wenn du willst daß es nicht eben so viel sey als ob du bloß mit dir selber sprächest.

Peregrin.

Was ich gesagt habe, schien mir die simpelste Sache von der Welt zu seyn. Aber sey ruhig, Lucian! es wird, so wie ich in meiner Erzählung fortfahre, immer heller um mich her werden, und ich bin nun nahe an einigen Begebenheiten meiner Jugend, die, wiewohl du sie ehemals in einem falschen Lichte gesehen hast, doch so beschaffen sind, daß man nur ein ganz gewöhnlicher Mensch zu seyn braucht, so wohl um solche Abenteuer zu haben, als um zu begreifen wie es damit zuging.

Ich hatte das achtzehnte Jahr noch nicht lange zurück gelegt, als mein Großvater starb, nachdem er mich in seinem letzten Willen zum einzigen Erben seiner Verlassenschaft eingesetzt hatte. Ich sah mich nun im Besitz eines weit größern Vermögens als ich brauchte um unabhängig zu leben, und mein erster Gedanke war, Parium zu verlassen, und mich auf Reisen zu begeben, nicht so wohl um das was man die Welt nennt zu sehen (die mich damals wenig kümmerte) als um Menschen zu suchen, die wie ich von der göttlichen Liebe der Vollkommenheit entbrannt, in dieser innigen Gemeinschaft und Vereinigung der Seelen mit mir leben könnten, die ich mir — vermöge einer mir selbst unbekannten Vermischung des Instincts meines damaligen Alters mit dem Bedürfniß meines Herzens — als einen wesentlichen Theil der höchsten Eudämonie vorstellte. Aber die Geschäfte, die ich meiner Erbschaft halben vorher abzuthun hatte, hielten mich, wegen Abwesenheit meines Vaters, unter dessen Curatel ich stand, noch ein ganzes Jahr in Parium zurück; und in diesem Zeitraume begegnete mir das Abenteuer, das dein Ungenannter in der schönen Lobrede, die er mir zu Elea hielt, so übel verunstaltet hat, daß ich, wofern mein Nahme nicht dabey genannt wäre, nie hätte vermuthen können der unglückliche Held dieses Mährchens zu seyn.

Während der ersten Jahre meines Lebens, die ich unter der Aufsicht meiner Mutter zubrachte, befand sich ein junges Mädchen in unserm Hause, die, als das einzige Kind einer verstorbenen Schwester meines Vaters, unter seiner Vormundschaft von meiner Mutter erzogen wurde. Sie war nur ein Jahr älter als ich, und da sie eine Tochter vom Hause vorstellte, so wurden wir unvermerkt gewohnt, uns als Bruder und Schwester zu betrachten. — Die kindische Liebe, die sich zwischen uns entspann, war um so unbedeutender, da ich mit dem siebenten Jahre in das Haus meines Großvaters versetzt wurde, und von dieser Zeit an nur selten zur Stadt kam. Kalippe, (so hieß die Nichte meines Vaters) erwuchs indessen nach und nach zu dem schönsten Mädchen in Parium; ich sah sie bis zum Tode meiner Mutter von Zeit zu Zeit; aber wiewohl ich etwas für sie empfand, das der Anlage zu einer künftigen Leidenschaft ähnlich sah, so war ich doch noch viel zu jung, um recht zu wissen was ich fühlte, oder auch etwas anders für sie zu empfinden, als was unsrer nahen Verwandtschaft ganz anständig war. Da Kallippe um diese Zeit schon das funfzehnte Jahr angetreten hatte, so hatte sie mit demselben auch die Sinnesart eines Mädchens von diesem Alter angenommen, und betrachtete mich als einen Knaben, dem man ohne alle Gefahr liebkosen könnte. Bald darauf glaubte mein Vater dieses einzige Kind einer Schwester, die er sehr geliebt hatte, aufs glücklichste versorgt zu haben, indem er sie an einen der reichsten und angesehensten Männer in Parium verheurathete, ohne weder auf die Untugenden seiner Gemüthsart und Sitten, noch auf den großen Abstand seiner Jahre von den ihrigen die geringste Rücksicht zu nehmen. Von dieser Zeit an verlor sich meine Base Kallippe unvermerkt aus meinem Gesichtskreise; ich bekam sie nicht mehr zu sehen, und bekümmerte mich, in der Meynung daß sie mit ihrem Loose zufrieden sey, nicht weiter um sie, bis nach meines Großvaters Tode die Angelegenheiten seiner Verlassenschaft mich nöthigten, einige Monate in der Stadt zuzubringen.

Hier hörte ich, daß mein Vater seine Absicht, Kallippen glücklich zu machen, nicht leicht ärger hätte verfehlen können. Jedermann sprach von ihr als einer Frau, die die schönsten Jahre ihres Lebens unter dem Druck eines unempfindlichen, finstern, kargen und eifersüchtigen Tyrannen zu schmachten verurtheilt sey; jedermann bedauerte sie, und alle Stimmen waren gegen den Mann, der einer solchen Frau übel zu begegnen fähig sey. Ich kannte den Lauf der Welt zu wenig, um etwas von der Sache zu begreifen; ich sann hin und her, verwarf aber meine Anschläge immer wieder als unschicklich und unausführbar. Vor allem schien mir nöthig, sie selbst zu sprechen: aber die kaltsinnige Höflichkeit und argwöhnische Vorsicht des alten Menekrates wußte es immer so einzurichten, daß ich keine Gelegenheit dazu finden konnte. Endlich erfuhr ich von einer jungen Sclavin, der einzigen auf deren Treue Kallippe ein unumschränktes Vertrauen setzte, daß ihre Gebieterin nichts sehnlicher wünsche als mich zu sprechen, indem sie mir Sachen von der größten Wichtigkeit zu entdecken hätte. Bey einer solchen Uebereinstimmung unsrer Wünsche war es nur noch um die Ausführung, nehmlich um eine geheime Zusammenkunft zu thun, die aber, in der Lage worin sich Kallippe befand, nothwendig so behutsam veranstaltet werden mußte, daß weder ihr Mann noch die Nachbarn noch die übrigen Hausgenossen auch nur die leiseste Ahndung davon haben könnten. Auch hier fehlte es nicht an meinem guten Willen; aber wenn Kallippe und ihre Sclavin nicht erfindsamer oder dreister als ich gewesen wären, so möchte es wohl immer dabey geblieben seyn; denn selbst das gewöhnlichste, was in solchen Fällen zu thun ist, kam mir gar nicht in den Sinn. Dafür ließ ich mich desto williger von der weiblichen Klugheit leiten; und so wurde endlich, nachdem verschiedene andere Vorschläge als gefährlich oder unthulich verworfen worden, beschlossen, daß man eine kurze Abwesenheit des Menekrates benutzen wollte, um mich, in der Stille der Nacht durch eine kleine Gartenthür in ein Cabinet zu bringen, wo ich meine Base finden würde.

Lucian.

Natürlicher Weise gewinnt die Sache unter allen diesen Umständen eine ganz andere Gestalt: und doch, wenn der Zufall gegen uns ist, nehmen weder die Gesetze noch die Welt auf solche Umstände Rücksicht.

Peregrin.

Nur zu wahr. Aber für mich gab es keine Gesetze, oder vielmehr, da ich mein Gesetz in mir selbst hatte, so dachte ich nicht an die Gesetze von Parium. Und was ist das Urtheil der Welt einem Menschen, der nach dem Beyfall höherer Zeugen strebt, die seinem innern Auge so gegenwärtig sind als ob sie auch dem äußern sichtbar wären? Ich dachte nichts als eine Pflicht zu erfüllen, und in der Wahl der Mittel mich bloß der Nothwendigkeit zu unterwerfen, der die Götter selbst unterthan sind.

Lucian.

So weit begreife ich alles. Was mich wundert ist bloß, ob ich den Erfolg errathen habe oder nicht? Du weißt was das Sprichwort von der Gelegenheit sagt. Nimm dich in Acht, Freund Peregrin! Ich weiß auch was in solchen Fällen möglich oder unmöglich ist.

Peregrin.

Die Schlüsse, die man aus seinen eignen Erfahrungen auf das, was Andere in ähnlichen Fällen gethan haben oder thun werden, macht, sind schon trüglich; wie sehr müssen es erst die seyn, die man von dem was meistens geschieht, auf das was möglich ist, macht? Indessen zweifle ich keinen Augenblick, lieber Lucian, daß ich mit einer Art von Gewißheit sagen könnte, wie Du dich an meiner Stelle aus der Sache gezogen hättest: aber daß du dieß mit eben so vieler Gewißheit von mir sagen könntest, daran zweifle ich, mit deiner Erlaubniß.

Lucian.

Du hast recht, Peregrin — ich war immer nur ein gewöhnlicher Mensch — und von einem gewöhnlichen Menschen läßt sich freylich nicht auf einen Dämon schließen. Und dennoch sollte michs nicht befremden, wenn auch einem Dämon (zumal einem dessen Natur lieben ist) in dem Körper eines blühenden Jünglings von achtzehn Jahren, der sich mit einer schönen, zärtlichen und betrübten jungen Base von neunzehn in der Stille der Nacht in einem Gartencabinet eingeschlossen findet, unvermerkt eben so zu Muthe würde, als wenn er ein Mensch wie andre wäre.

Peregrin.

Auch in meinen Augen würde es kein großes Wunder seyn. Höre also was sich zutrug. Unsre Zusammenkunft ging durch die schlaue Veranstaltung der getreuen Sclavin glücklich von statten. Die erste Ueberraschung war auf beyden Seiten nicht gering, da ich Kallippen zum erstenmal in der vollen Reife der Schönheit und Jugend, und Sie den Knaben von vierzehn, den sie vor vier Jahren zum letztenmale gesehen hatte, in einen hochaufgeschoßnen Jüngling verwandelt sah, an dessen Blüthe noch kein Wurm genagt hatte, und dem ein sonderbares Gemische von Sanftheit und Feuer, von Heiterkeit und Ernst das Ansehen eines weit reifern Alters gab, ohne dem was die Jugend Empfehlendes hat nachtheilig zu seyn. Die einzige Lampe, die das Cabinet beleuchtete, trug wohl auch das ihrige bey, daß unser mit so geheimnißvollen Umständen verbundenes Wiedersehn mehr das Schauerliche einer unvermutheten Erscheinung, als das Freudige einer veranstalteten Zusammenkunft hatte. Indessen faßten wir uns bald wieder, und Kallippe fing die Unterredung mit Entschuldigung und Rechtfertigung des sonderbaren Schrittes, wozu sie sich gezwungen sahe, an. Natürlich führte dieß zu einer umständlichen Ausführung der großen Beschwerden, die sie über ihren Tyrannen zu führen hatte, wobey die schöne Klägerin weder Redefiguren noch Thränen sparte, um das Mitleiden des jungen Menschen zu gewinnen, den sie zum Richter oder vielleicht zum Rächer ihrer Leiden machen wollte. Sie schien alle Fragen, die ich ihr thun konnte, vorgesehen zu haben, mit so vieler Leichtigkeit antwortete sie auf alles; und sie beschloß endlich mit verschiedenen geheimen Aufträgen, theils an meinen abwesenden Vater, theils gewisse Familienumstände, die eine Beziehung auf ihre eigenen hatten, betreffend, die eine zweyte und dritte Zusammenkunft vorbereiteten und ganz ungezwungen herbey brachten.

Hätte ich damals schon die Menschenkenntniß haben können, die eine Erfahrung von dreyßig oder vierzig Jahren verschaft, so so könnte mir vielleicht das Betragen der schönen Kallippe einigen Argwohn gegeben haben: und wäre ich gesinnt gewesen, wie beynahe jeder andere in meinem damaligen Alter, so würde ich mich an allen Grazien zu versündigen geglaubt haben, wenn ich eine so gute Gelegenheit aus den Händen hätte schlüpfen lassen. Aber bey mir war weder das eine noch das andere möglich. Wie sichtbar auch die Schlingen waren, die meiner unerfahrnen Unschuld gelegt wurden, ich sahe sie nicht, weil ich nicht mehr Begriff von Schlingen hatte als ein neu ausgebrüteter Vogel; und vor Nachstellungen von Mir hätte die schöne Kallippe nicht sicherer seyn können, wenn sie eine Priesterin der Diana oder meine leibliche Schwester gewesen wäre. Jede Frau oder Jungfrau war in meinen Augen ein heiliges Gefäß im Tempel der Natur, desto heiliger und unverletzlicher, je schöner sie war. Wie sehr mußte es mir also die Gemahlin des Menekrates seyn, die durch Anverwandtschaft, Schönheit und Unglück ein dreyfaches Recht an meine Theilnehmung, meine Ehrfurcht und meine Dienste hatte?

Lucian.

Wunderbarer Mensch!

Peregrin.

Ich sehe, mit deiner Erlaubniß, hier nichts Wunderbares; vielmehr wär' es ein Wunder gewesen, wenn ich anders gedacht hätte. Meine Erziehung hatte meinen Leib und meine Seele vor aller Verderbniß, zumal vor allzufrüher Erweckung und willführlicher Reitzung des Instincts, verwahrt; meine Imagination war so rein wie meine Sinnen; und die Liebe des höchsten Schönen, die in dieser Epoke meines Lebens die Seele aller meiner Gedanken und Neigungen war, gab dem Eindruck, den schöne Gestalten auf mich machten, eine vom Gewöhnlichen, was andre Erdensöhne erfahren, zu verschiedene Tinctur, als daß nicht auch die Wirkung desselben hätte verschieden seyn sollen. Uebrigens bitte ich dich nicht zu vergessen, daß ich mir kein Verdienst daraus zu machen begehre, sondern die Sache bloß erzähle wie sie war. Als ich mich von Kallippen entfernte, folgte mir zwar ihr Bild, aber ohne mir eine andere Unruhe zu verursachen, als die Sorge ihre Aufträge so gut mir möglich war auszurichten.

Lucian.

Alles Feuer in deiner Natur mußte sich damals in die höchste Region deiner Einbildungskraft hinaufgezogen haben.

Peregrin.

Doch nicht so ganz; denn ich läugne nicht, Kallippe wurde mit jedem Male daß ich sie sah schöner und liebenswürdiger in meinen Augen; aber ich setzte noch immer nicht den geringsten Argwohn weder in mich selbst noch in sie, und fand nichts natürlicher, als daß mein Wohlgefallen und meine Theilnahme an ihr immer lebhafter wurde, je liebenswürdiger ich sie sah. War die Liebe zum Schönen meiner dämonischen Natur nicht eben so eigenthümlich als das Athemholen meiner Brust? Daß auch Kallippe immer wärmer und immer sinnreicher wurde neue Ursachen und Wege zu neuen geheimen Zusammenkünften auszudenken, bemerkte ich zwar, hielt es aber für eine so natürliche Folge der rechtmäßigen Zuneigung zu einem nahen Anverwandten, den sie von Kindheit an wie einen Bruder anzusehen gewohnt war, daß es mir gar nicht als etwas Mögliches einfiel, wie die Tadelsucht selbst etwas daran zu tadeln finden könnte. Und war es ihr, in einer so verlaßnen Lage als die ihrige, am Ende zu verdenken, daß sie schwer daran ging sich des einzigen Trostes wieder zu berauben, der ihr einige Erleichterung ihres traurigen Zustandes verschaffte? — „Deine Gegenwart, deine Reden, sind Nepenthe für mich, sagte sie mir einsmals beym Abschied, mit einer Stimme die wie Musengesang in meiner Seele wiedertönte — Ich vergesse in diesen stillen

Augenblicken der Freundschaft daß ich unglücklich bin; könntest du schon müde seyn, mir zuweilen eine Stunde zu schenken, die du nur dem Schlaf entziehest?" — Ich hätte mich für einen Barbaren gehalten, Lucian, wenn ich dessen fähig gewesen wäre.

Lucian.

Ich wahrlich auch! Aber gestehe, daß du um diese Zeit den unsichtbaren Pfeil schon in der Leber stecken hattest!

Peregrin.

Ich glaube es selbst, Lucian; aber damals wußte, ahndete ich sogar nichts davon; und was mich nothwendig sicher machen mußte, war, daß ich die Nacht, wo wir uns wieder sehen sollten, immer mit eben so vieler Ruhe erwartete, als ich sie mit Vergnügen kommen sah. Indessen darf ich einen neuen Umstand nicht unerwähnt lassen, der einige Veränderung in der Beschaffenheit unsrer Zusammenkünfte machen konnte. Weil Menekrates eine ziemliche Zeit lang nicht aus der Stadt kam, so wurde das Gartenkabinet für unsern fernern Gebrauch zu gefährlich befunden. Nach langem Ueberlegen, was zu thun sey, sagte endlich die Sclavin mit der Miene einer Person, die auf einmal das Wahre gefunden hat: Ich weiß im ganzen Hause keinen Ort, wo wir so völlig vor jedem Ueberfalle sicher sind, als das Schlafzimmer meiner Gebieterin. — Da hast du recht, versetzte Kallippe lächelnd; ich weiß nicht, warum es mir nicht sogleich in den Sinn kam. — Aber ... sagte ich etwas betroffen, Menekrates? — O, der ist in Jahr und

Tagen mit keinem Fuße über die Schwelle gekommen, und . . . hat seine guten Ursachen dazu, — sagte die Sclavin. Ich schwieg, und es blieb fürs nächstemal bey Kallippens Schlafzimmer.

Lucian.

Ein schöner und bequemer Ort, ohne Zweifel; aber, beym Jupiter! der schlüpfrigste, den dein platonischer Dämon zwischen Himmel und Erde finden konnte!

Peregrin.

Du wirst mich auch gar zu unschuldig nennen, Lucian — aber genug, mir fiel das nicht ein. Wäre Kallippe bey dem Vorschlage roth geworden, hätte sie einige Bedenklichkeit geäußert, so möchte vielleicht auch in mir ein Zweifel über die Schicklichkeit der Sache rege geworden seyn: aber daß sie so unbefangen, so schnell und so ruhig ihren Beyfall gab, ließ mich in meiner natürlichen Sicherheit. Ich liebte zwar Kallippen, aber mit einer so jungfräulichen Unwissenheit, daß ihr Schlafzimmer für mich nichts mehr war als jeder andere Ort. Und in der That hätte sie im innersten Heiligthum der Vesta nicht sichrer vor geheimen Absichten und Anschlägen auf ihre Unschuld von meiner Seite seyn können als in ihrem Schlafzimmer.

Lucian.

Was für ein schlauer kleiner Bube euer Dämon Amor ist, Peregrin! Wie er die guten arglosen Seelen durch seine kindisch unschuldige Miene zu locken weiß! Und doch wette ich, das Schlafzimmer war die Ursache alles Unheils.

Peregrin.

Höre nur. Beynahe hätte ich noch einen kleinen Umstand vergessen, der auch nicht ganz unwichtig war, wiewohl ich damals nicht auf ihn achtete. Die junge Sclavin war immer bey unsern Zusammenkünften gegenwärtig: anfangs ohne sich einen Augenblick ganz zu entfernen; bey der zweyten und dritten ging sie ab und zu; in der Folge blieb sie bald kürzer bald länger aus, oft eine halbe Stunde, auch noch länger; aber alles so ungezwungen und absichtslos, daß ich ihre Abwesenheit kaum gewahr wurde.

Lucian.

Die Spitzbübin!

Peregrin.

Es vergingen mehrere Tage, ehe ich wieder den gewöhnlichen Wink von ihr erhielt.

Lucian.

Auch das vielleicht nicht ohne Absicht — Aber Du merktest immer nichts!

Peregrin.

Gewiß nicht, außer daß mir die Zeit doch länger vorkam als ich ungefähr gerechnet hatte. Ich fing an für Kallippen unruhig zu werden, als die Sclavin mir durch den gewöhnlichen Weg das zwischen uns abgeredete Zeichen gab. Es war eine ziemlich dunkele Nacht, und alles im Hause lag in tiefem Schlafe begraben, als ich durch den Garten zu einem niedrigen Fenster in das Haus herein gelassen wurde. Ich konnte mir selbst nicht recht sagen warum, aber zum erstenmale war mirs, als ob ich um diese Zeit nicht in diesem Hause seyn sollte. Diese kleine Unruhe verschwand zwar in dem Augenblicke, da mir die schöne Kallippe in ihrem Zimmer mit Augen voll Dank und Liebe entgegen kam; doch kehrte sie von Zeit zu Zeit wieder, wiewohl ich sie zu unterdrücken suchte. Kallippe ward es endlich gewahr. Sie fragte mich nach der Ursache einer Unruhe die sie noch nie an mir bemerkt hatte, und ich gestand ihr, daß ich Sie und Mich weder in diesen Mauern noch in diesem Zimmer für sicher halten könne. — Ohne Zweifel schlagen unsre Herzen auch hier sympathetisch, sagte sie; du irrest dich nur in der Ursache. Auch mir, fuhr sie fort (und mit einem zärtlich wehmüthigen Tone, der alle meine Nerven in antwortende Schwingungen sezte) auch mir ahndet daß wir uns zum leztenmale sehen. Nicht, als ob wir hier das minbeste zu befürchten hätten. Ich, liebster Proteus, zittre vor einer ganz andern Gefahr, der

Erster Theil.

einzigen, die ich zu befürchten habe — Ich darf, ich kann dich nicht länger sehen. Frage mich nicht nach der Ursache — denn du bist unter allen Sterblichen der letzte, der sie wissen darf. — Diese mir ganz neue Sprache setzte mich in Erstaunen, aber Kallippe ließ mir keine Zeit zu mir selbst zu kommen. Sie sagte mir, mit einem Ausdruck von Wahrheit und zugleich mit einer Sanftheit die ihren Worten einen unbeschreiblichen Zauber gab, das zärtlichste was die erste Liebe einem gefühlvollen jungen Weibe eingeben kann, und das Ende davon war die Wiederholung, daß wir uns zum letztenmal gesehen hätten. Wir müssen scheiden, rief sie mit erstickter Stimme, indem sie ihre schönen Arme um meinen Hals wand — Lebe wohl, Proteus! und erinnere dich zuweilen — der Unglücklichen, die dich deiner und ihrer Tugend aufopfert! — Lebe wohl!

Ein so unvermutheter Sturm, auf mein Herz und meine Sinne zugleich, war zu stark um seine Wirkung zu verfehlen; aber es kam noch ein Umstand hinzu, der den Sieg der schönen Kallippe über den unerfahrnen Neuling entscheidend machen mußte. Sie war bey allen unsern Zusammenkünften immer äußerst anständig gekleidet gewesen; dieß war sie, dem ersten Anblick nach, auch jetzt, nur zu leicht für die heftigen Bewegungen des Schmerzes und der Liebe, denen sie sich in diesen Augenblicken des Scheidens überließ. Freylich war es eine sehr warme Sommernacht; aber für eine so zärtliche Abschiedsscene war eine Tunica, die ein einziger Seidenwurm hätte gesponnen haben können, gar zu dünn; und als die zärtliche Kallippe ihre Arme um meinen Nacken wand, und in einem Augenblicke, wo sie der Gedanke eines ewigen Scheidens außer sich setzte, ihren Busen etwas zu heftig an den meinigen drückte, kam natürlicher Weise eine so duftartige Hülle in eine Unordnung, die, in einem Momente wie dieser, ihren Reitzen ein allzugroßes Uebergewicht über meine unverwahrten Sinne gab. Was in diesem Augenblick in mir vorging, ist schwer zu beschreiben; ein allgemeines Zittern überfiel mich, mir ward schwindlich und dunkel vor den Augen, und ich wäre, glaube ich, zu Boden getaumelt, wenn mich Kallippe nicht in ihren Armen aufgehalten, und zu ihrem Ruhebette geführt hätte, wo ich in kurzem wieder zu mir selber kam, indessen sie, den rechten Arm noch immer um meinen

Leib geschlungen, Augen auf mich heftete, die alles Feuer der Liebe in mich zu ergießen schienen. Die Sclavin war bey dieser Scene nicht zugegen, und Kallippe mußte meinen Zufall nicht für gefährlich genug gehalten haben, sie um Hülfe zu rufen.

Die Götter mögen wissen, wie das alles sich geendigt hätte, wenn nicht in diesem Augenblick ein großer Lerm im Hause uns auf einmal aus unserm Taumel gerissen und genöthigt hätte, auf das, was außer uns vorging, Acht zu geben. Wir sind verrathen, rief die bestürzte Kallippe, indem das Getümmel immer näher kam und die donnernde Stimme des Menekrates sich bereits deutlich unterscheiden ließ. Ich sprang auf, und brauchte mich nicht einen Augenblick zu besinnen, daß außer

außer meinem plötzlichen Verschwinden kein Mittel sey die Dame und mich zu retten.

Lucian.

In solchen Fällen haben die Dämonen ohne Körper ein beneidenswürdiges Vorrecht.

Peregrin.

Ich lief an das Fenster, das in den Garten ging; aber, außerdem daß die Höhe für einen Sprung zu gefährlich war, sah ich den Garten von verschiedenen mit Knitteln und Stangen bewaffneten Sclaven besetzt, in deren Hände zu fallen noch gefährlicher schien. Ein anderes Fenster ging in einen kleinen Hof, der zu einem Holzbehältniß zugerichtet und mit einem Schindeldache versehen war, das ziemlich nahe an Kallippens Fenster reichte, und von welchem es nicht unmöglich schien, durch einen Sprung auf das Dach des niedrigen Seitengebäudes eines benachbarten Hauses zu kommen. Das weitere mußte dem Zufall überlassen werden. Menekrates pochte inzwischen mit einem so lauten und herrischen Befehl aufzumachen, an der verschloßnen Thür des Schlafzimmers, daß Kallippe, ohne den Verdacht zu vergrößern, nicht länger verziehen konnte sie zu öffnen. Ich wagte also den entscheidenden Sprung. Ich gelangte glücklich auf das benachbarte Dach, und von diesem in einen kleinen Garten, wo es mir nicht schwer fiel, über die ziemlich niedrige und baufällige Mauer in ein enges Gäßchen herab zu glitschen, an dessen Ausgang ich mich vor der Hinterthür meines eigenen Hauses und einen Augenblick darauf in der Freyheit befand, von einer

Gefahr, deren bloßer Gedanke alle meine Haare emporrichtete, wieder zu Athem zu kommen. Allerdings war es viel Glück, daß ich meine so oft wiederholte Unvorsichtigkeit mit der bloßen Angst, noch immer wohlfeil genug, bezahlte: indessen verhielt sich die ganze Sache wie ich dir erzählt habe; die Prügel und der Rettich waren bloße Verzierungen, womit dein Ungenannter das Geschichtchen seinen Zuhörern interessanter zu machen hoffte.

Lucian.

Wahrscheinlich wartete beydes auf dich, wenn dir dein guter Dämon nicht noch so glücklich durchgeholfen hätte. Uebrigens sind diese Verzierungen, wie du wissen wirst, bey Geschichten dieser Art, wovon das Publikum meistens Etwas aber selten die wahren Umstände erfährt, zu gewöhnlich, als daß man dem Ungenannten ein großes Verbrechen daraus machen könnte, sie, vielleicht ohne historischen Grund, der bloßen Wahrscheinlichkeit zu Ehren hinzugedichtet zu haben. — Aber wie erging es der armen Kallippe? Denn, wiewohl ich gestehe, daß sie mir in dieser ganzen Sache bey weitem nicht der unschuldigste Theil zu seyn scheint, so kann ich doch nicht umhin zu wünschen, daß sie nicht zu hart für eine so verzeihliche Schwachheit gebüßt haben möchte.

Peregrin.

Es war ein Glück für sie, daß ihre Sclavin die Geliebte eines Freygelaßnen war, der alles über den alten Menekrates vermochte, und sie, indem er sich für ihre Unschuld verbürgte, von der angedrohten Tortur rettete, die ihr ohne Zweifel alles ausgepreßt haben würde. Kallippe, die vielleicht nicht so unvorbereitet auf solche Scenen war als ich geglaubt hatte, war Meisterin genug über sich selbst, um die Unwissende zu spielen; und da sich nichts fand das gegen sie hätte zeugen können, so blieb sie am Ende noch berechtiget, Genugthuung von ihrem Unholde zu verlangen, dessen unzeitige Eifersucht ihren sanften Schlummer gestört und ihre unbefleckte Ehre angeschmitzt hatte. Zu gutem Glücke war mein Vater eben wieder nach Hause gekommen. Ich entdeckte ihm den ganzen Hergang; er nahm sich seiner beleibigten Nichte an; und da beyde Theile ihre Ursachen hatten, die Sachen nicht aufs äußerste zu treiben und dem Gelispel der Parianer je bälder je lieber ein Ende zu machen: so überließ Menekrates seiner Gemahlin die Freyheit, über sein Haus in der Stadt und über ihre Tugend nach eigenem Gutdünken zu schalten, und zog sich bald darauf in eines seiner Landgüter zurück, während ich in aller Stille Anstalten traf, an eben demselben Tag nach Athen abzureisen.

Das sonderbare Vorgefühl, womit ich in die ehrwürdige Minervenstadt eintrat, — die Meynung von ihrem hohen Alterthum, das sich bis in der Götterzeit verlor, — die Heiligkeit eines Ortes, wo man keinen Schritt thun kann, ohne dem Denkmahl eines Gottes oder Heros oder merkwürdigen Menschen zu begegnen — die Erinnerung an ihren ehemaligen Glanz, an alles was sie einst war, und was Griechenland, und durch dieses die ganze Welt ihr zu danken hat; — im Gegensatz mit ihrer jetzigen Stille und Ruhe, stimmte in den ersten Tagen meines Aufenthalts zu Athen meine vorhin schon wunderbar genug gestimmte Seele in einen Ton von Melancholie und Feyerlichkeit, der mit dem leichten muntern Geiste der Athenienser einen starken Mißklang machte. Wenig um diese letztern, und um alles Unbedeutende was sie thaten, da sie nichts Bedeutendes mehr zu thun hatten, bekümmert, entzog ich mich beynahe aller Gesellschaft, hielt mich immer an den einsamsten Orten auf, besuchte den **Ceramikus**, die **Akademie**, die **Pözile**, das **Lyceon**, nur in den frühen oder nächtlichen Stunden, wenn sonst niemand da zu sehen war: kurz, anstatt wie andere Leute in dem wirklichen Athen zu leben, schwebte ich bloß wie ein abgeschiedener Geist über dem Grabe des großen und herrlichen Athens das — nicht mehr war.

Die Schulen der Philosophen hatten damals keinen aufzuweisen, der sich über das Gewöhnliche merklich erhoben hätte. Sogar unter denen, die sich mit dem pythagorischen und platonischen Costum decorirten, fand ich nicht Einen, von dem ich mich im geringsten angezogen gefühlt hätte. Da die Stadt, ihrer Größe ungeachtet, nur sehr mittelmäßig, wie du weißt, bevölkert war, und die Athenienser alle mögliche Muße hatten sich um alles zu bekümmern was sie nichts anging: so beschäftigte ich eine Zeit lang ihre Aufmerksamkeit und ihren Witz, und sie ließen es nicht an Epigrammen fehlen, zumal da ihnen meine Lebensweise mit meiner Jugend und Gestalt sehr lächerlich abzustechen schien. Weil ich aber, ohne darauf zu achten, bey meiner Weise blieb, und nach Verlauf weniger Wochen in einem der nächst gelegenen Flecken ein Landhaus miethete: hörte ich bald auf etwas Neues für sie zu seyn, und so wie ich ihnen aus den Augen kam, kümmerte sich niemand mehr um mein Daseyn, bis ein kleines Abenteuer, das dein Ungenannter zu Elea nicht vorbeygelassen aber eben so übel zugerichtet hat wie die Liebesgeschichte mit Kallippe, mich auf eine sehr unangenehme Art wieder in Erinnerung bey ihnen brachte.

Der Zufall ließ mich einst in einem Gehölz am Fuße des Pentelikus einen Knaben von vierzehn bis funfzehn Jahren finden, der dürres Reisig zusammen las, und dessen ungewöhnliche Schönheit meine ganze Aufmerksamkeit an sich zog. Ich ließ mich in ein Gespräch mit ihm ein, und bewunderte die Offenheit und Lebhaftigkeit seiner Antworten. Auf einmal fiel mir die Anekdote von der ersten Bekanntschaft ein, welche Sokrates einst mit einem eben so schönen Knaben in einem engen Gäßchen von Athen gemacht hatte, und daß unter der Leitung des Weisen und seines Genius aus diesem Knaben der berühmte Xenophon geworden war. Mein Waldknabe schien mir ein nicht weniger glückliches Naturell zu versprechen; ich beschloß an ihm zu thun was Sokrates an dem jungen Xenophon gethan hatte, vergaß aber unglücklicher Weise, daß Sokrates damals ein Mann von funfzig Jahren war, und ich kaum zwanzig zählte. Die Reinheit meiner Seele und die Unschuld meiner Absichten ließen mich an diesen Unterschied nicht denken; und es fiel mir, — mir, der das Urtheil anderer von ihm nie in Anschlag brachte — so wenig ein, daß jemand an meinem guten Willen für diesen Knaben etwas Tadelhaftes finden könnte, als wenn ich einen Vogel aus dem Walde mit nach Hause gebracht hätte um ihn singen zu lehren. Ich hing damals, ohne daß mich meine kleine Erfahrung mit der schönen Kallippe behutsamer über diesen Punkt gemacht hätte, noch sehr stark an dem platonischen Glauben, daß die äußere Schönheit ein Widerschein der innern sey; und meine rasche Einbildung weissagte sich in meinem jungen Xenophon vielleicht einen künftigen zweyten Pythagoras oder Apollonius, ohne es nur für möglich zu halten, daß es auch wohl ein Alcibiades oder Nicias seyn könnte. Aber außer dem Verdienste, das ich mir durch die Pflege einer so schönen Pflanze um die Menschheit zu machen hoffte, hatte ich noch die besondere Absicht, mir in ihm einen künftigen Gehülfen in den Mysterien der hohen Magie zu erziehen, die damals das große Ziel meiner Wünsche und Gedanken war, und wozu ich die pythagorische und platonische Philosophie, welcher ich seit einiger Zeit mit großem Fleiß obgelegen hatte, als eine Vorbereitung ansah. Die Schönheit und Unschuld des jungen Gabrias war eine sehr wesentliche Bedingung zu meinen Absichten, so wie seine Unwissenheit kein Hinderniß derselben war. Denn je reiner ich seine Seele von erkünstelten Begriffen und falscher Wissenschaft fand, je geschickter war sie die Ideen aufzufassen, zu welchen ich sie nach und nach zu erheben hoffte.

Die Neigung, die den Knaben gleich anfangs zu mir zu ziehen schien, verwandelte sich ziemlich schnell in eine so große

Anhänglichkeit, daß er mich bat, ihn als einen Menschen zu betrachten der mir gänzlich angehöre. Von dieser Zeit an lebte er einige Wochen beständig mit mir in dem vorerwähnten kleinen Landhause. Es zeigte sich indessen immer mehr, daß meine Hoffnungen von der Anlage des jungen Gabrias zu voreilig gewesen waren. Seine Lebhaftigkeit war mit einem Leichtsinn und einem Hang zum Muthwillen und zur Sinnlichkeit verbunden, der ihn zum untauglichsten aller Menschen machte, in den Mysterien einer Philosophie eingeweiht zu werden, deren erster Grad die Reinigung der Seele von allen thierischen Neigungen ist. Sobald ich mich hievon überzeugt hielt, verging mir alle Lust mich weiter mit ihm abzugeben. Hätte ich keine andere Zwecke mit ihm gehabt, als ihn zu einem leiblichen Bürger von Athen zu bilden; so war freylich die Hoffnung dazu nichts weniger als verloren; er konnte sogar werden was seine Landsleute einen liebenswürdigen Menschen hießen; denn er war der angenehmste Plauderer von der Welt, hatte Witz und drollichte Einfälle, machte auf einen Blick das Lächerliche an einer Person oder Sache ausfindig, und besaß die Gabe, anderer Leute Stimme, Geberden, Gang und übrige Eigenheiten nachzuahmen, in einem ungewöhnlichen Grade: aber für meine Absichten war er unverbesserlich, und ich suchte mich also je bälder je lieber von ihm loszumachen. Dennoch wußte er mich zwey oder dreymal durch seine außerordentliche Liebe zu mir, die er meisterlich spielte und mit den zärtlichsten Liebkosungen begleitete, wieder dahin zu bringen daß ich ihn noch bey mir

Erster Theil.

duldete: bis endlich sein Betragen (welches einem weniger Unerfahrnen schon lange hätte verdächtig seyn müssen) keinen Zweifel mehr übrig ließ, daß er sich an mir eben so sehr betrogen habe als ich mich an ihm. Er wurde noch an demselben Tage aus dem Hause geworfen; aber auch an demselben Tage meldete sich ein alter schlecht gekleideter Mann mit einem Gesichte von böser Vorbedeutung als der Vater des jungen Gabrias bey mir, beklagte sich mit großer Heftigkeit, daß ich seinen Sohn, — das unschuldigste Kind von der Welt, ehe er in meine Hände gefallen sey — verführt hätte, und foderte Genugthuung deßwegen, wenn ich nicht wollte, daß er seine Klage gegen mich noch in dieser Nacht im Areopagus laut erschallen ließe. Ich merkte bald genug, daß ich einen Mann vor mir habe, dem es nicht um Versicherungen oder Beweise meiner Unschuld, sondern um mein Geld zu thun war, und alle Standhaftigkeit, die ich ihm entgegensetzte, wurde zum Schweigen gebracht, da er mir sagte, daß Gabrias bereit wäre über Gewalt gegen mich zu klagen. So schlecht diese Leute waren, so war ich ein Fremder, ohne Freunde, und konnte darauf rechnen, ganz Athen, vornehmlich die ganze Zunft der Philosophen, die sich eine falsche Rechnung auf mich gemacht hatten, wider mich zu haben. Aber auch ohne diese Rücksichten würde ich lieber mein ganzes Vermögen hingegeben haben, als in einem solchen Handel vor Gericht erschienen seyn. Ich bequemte mich also, dem alten Bösewicht die Summe, worauf er bestand und die in der That nicht gering war, zu bezahlen, wie ich mich bequemt haben würde,

mein

mein Leben oder meine Freyheit von einem Seeräuber loszukaufen. Dieser Zufall, der wie ein Blitz bey hellem Himmel auf mich herabstürzte, unterbrach das innere Geschäfte meiner Seele auf eine höchst schmerzliche Weise; der Aufenthalt zu Athen wurde mir durch den Gedanken, was für Leute meinen guten Nahmen in ihrer Gewalt hatten, unerträglich; ich konnte mich nicht schnell und weit genug von Menschen entfernen, die mir zu meinem Zwecke so wenig halfen, und unter welchen man solchen Büberehen ausgesetzt war. Ich packte also meine Sachen zusammen, und begab mich schon am dritten Tage nach dieser verhaßten Begebenheit an Bord eines Schiffes, das nach Smyrna abzugehen begriffen war.

Lucian.

Was du thatest um dir dieses Gesindel vom Halse zu schaffen, würde ich, und vermuthlich ein jeder anderer, an deinem Platze auch gethan haben; wiewohl vielleicht wenige seyn mögen, die zu einem so schlimmen Handel so unverschuldet gekommen wären wie du. Der Verfasser der Liebesgötter, zu denen ich eben so unschuldig Vater seyn muß, würde gesagt haben, du hättest deine Strafe durch deine Unschuld verdient: aber, meiner Meynung nach, verdientest du sie durch die Unvorsichtigkeit, dich mit einem dir unbekannten athenienfischen Knaben — wenn er auch schöner als Ganymed und Adonis gewesen wäre — in einen Umgang einzulassen, der einen jungen Menschen von deinem Alter nothwendig verdächtig machen mußte; zumal da du den Vorwurf gegen dich hattest, ein Sonderling und ein Verächter der besten Gesellschaft zu seyn die vielleicht in der ganzen Welt zu finden war: denn dafür galten die Athenienser unsrer Zeit, und nicht ohne Grund, däucht mich. Uebrigens ist es sehr möglich, daß der Alte so ganz unrecht nicht hatte, sich zu beschweren daß du seinen Sohn verführt habest.

Peregrin.

Wie so?

Lucian.

Der Junge konnte wirklich, da du ihn im Walde antrafst, noch unschuldig, und, ohne die rasche sokratische Liebe die du so plötzlich auf ihn warfst, es noch lange geblieben seyn. Vermuthlich erzählte er zu Hause, was ihm mit dem schönen fremden Herrn im Walde begegnet sey. Sein

Vater, ein dürftiger, schlecht denkender, und wo es auf Gewinn ankam wenig bedenklicher Mann, machte seine Glossen darüber. Natürlicher Weise hatte er von einer so geistigen uninteressierten Liebe zu schönen Bübchen oder Mädchen, wie die deinige war, nicht die geringste Vorstellung noch Ahndung; er erkundigte sich vermuthlich nach dir, erfuhr daß etwas bey dem fremden Herrn zu gewinnen sey, machte nun seinen kleinen Plan auf den einen oder den andern Fall, und unterrichtete den Jungen wie er sich zu benehmen habe. Die Hoffnung eines nahmhaften Gewinns ist für Leute von diesem Schlag eine unwiderstehliche Verführung: und so hättest du dich dann doch, mit aller deiner Unschuld, als den Verführer des jungen Gabrias anzusehen?

Peregrin.

In diesem Sinne allerdings. Indessen war der weise Sokrates selbst, nach dem unverwerflichen Zeugniß, welches ihm der schöne Alcibiades in ziemlich großer Gesellschaft darüber ertheilte, nicht reiner von diesem seinem Liebling, als ich von dem jungen Gabrias; wiewohl ich dich versichern kann, daß der berüchtigte Günstling Hadrians ihm den Vorzug der Schönheit kaum hätte streitig machen können. Wäre ich gesinnt gewesen wie zehentausend andere, so hätte alles den gewöhnlichen Gang genommen, und dein Unbekannter zu Elea würde wahrscheinlicher Weise eine Verläumdung weniger gegen mich vorzubringen gehabt haben. Ich bezahlte also meine Tugend mit dreytausend Drachmen und einer Verwundung meiner Ehre, wovon ich die Narbe bis an meinen Tod behielt.

Lucian.

Deine Tugend, und — deinen Mangel an Klugheit, bitte ich hinzuzusetzen. Wer, ohne sich den Gesetzen dieser letztern, welche die große Tugend des gesellschaftlichen Lebens ist, zu unterwerfen, in seinem Betragen gegen andere bloß von seinem Herzen und von einer idealischen Vorstellungsart geleitet wird, läuft immer Gefahr ähnliche Erfahrungen zu machen.

Peregrin.

Diese Klugheit war freylich nie meine Tugend. Durch sie allein würde mein ganzes Leben eine andere Gestalt gewonnen haben, alle Abenteuer, woraus es zusammengeflochten ist, würden unterblieben, und Peregrin —

Lucian.

— mit Einem Worte, nicht Peregrin gewesen seyn — welches, nach dem ewigen Decret der großen Pepromene, oder, wenn du lieber willst, vermöge der Natur der Dinge, eben so wenig möglich war, als daß Lucian **unschuldiger Weise** hätte in den Fall kommen können, aus dem Fenster des alten Rathsherrn Menekrates zu springen, oder einem athenienſiſchen Sackträger dreytausend Drachmen dafür zu bezahlen, daß er seinem Jungen einen Kuß auf die Stirne gegeben hätte.

Zweyte Abtheilung.

Peregrin.

Ich sollte nun in meiner Apologie, wenn ich es so nennen kann, auf den Tod meines Vaters und meinen Aufenthalt unter den Christianern kommen. Aber es verflossen einige Jahre zwischen diesen Begebenheiten und meinem Aufenthalt zu Athen. Willst du daß ich diese überspringen soll? oder hast du Geduld genug die Erzählung einiger Geschichten anzuhören, die diese Zwischenzeit ausfüllten, und vielleicht zu besserer Uebersicht des Ganzen meines Lebens nicht gleichgültig sind, wiewohl dein Unbekannter nichts davon zu sagen wußte?

Lucian.

Du bist mir, ohne dir eine Schmeicheley sagen zu wollen, aus dem was du bereits erzählt hast interessant genug geworden, daß mir kein Umstand gleichgültig seyn kann, der deinen Charakter stärker oder von einer neuen Seite beleuchtet, und mir begreiflicher machen hilft, was ich in deinem Leben zweydeutig, räthselhaft und übel zusammenhängend fand.

Peregrin.

So mache dich immer auf eine sehr seltsame Geschichte gefaßt! Aber ehe ich dahin komme, wird es nöthig seyn noch ein paar Worte von der innern Verfassung zu sagen, worin ich mich befand als ich den Entschluß nahm nach Asien überzugehen.

Seitdem mich der Dämon der Liebe, den die Wahrsagerin Diotima dem Sokrates offenbarte, auf die Entdeckung gebracht hatte, daß ich selbst ein eingekörperter Dämon dieser Art sey, schien mir nichts natürlicher als das Verlangen, mich selbst und die Wesen meiner Gattung sowohl als die höheren, mit denen meine Natur verwandt war, besser kennen zu lernen; die einzige Kenntniß die ich meiner würdig hielt, da sie mich geraden Weges zur Eudämonie, dieser erhabenen Geisterwonne führte, die nichts Irdisches geben noch rauben kann, und nach welcher zu streben mein angebohrnes Vorrecht war. Und was konnte diese Eudämonie anders seyn, als das Leben eines Dämons zu leben, mit Dämonen und Göttern umzugehen, und von einer Stufe des Schönen zur andern bis zum Anschauen und Genuß dieser höchsten Urschönheit, die

Erster Theil.

ser himmlischen Venus zu gelangen, welche die Quelle und der Inbegriff alles Schönen und Vollkommnen ist?

Die große Frage war indessen immer: wie, auf welchem Wege, und durch was für Mittel dieß geschehen könne? und, wofern es mehrere Wege gäbe, welches der nächste und kürzeste wäre? Da es mir nun ausgemacht schien, daß unter den Alten Pythagoras und unter den Neuern Apollonius zu dieser hohen Eudämonie, und vielleicht zur höchsten Stufe derselben, gekommen seyen: so war meine erste Sorge, mich mit diesen so bekannt zu machen, als es durch eignes Forschen in allem was sie hinterlassen, und durch vertrauten Umgang mit Personen die in den Mysterien ihrer Weisheit wirklich eingeweiht wären, geschehen könnte.

Die Hoffnung, Einen wenigstens von dieser Classe zu Athen zu finden, war mir fehlgeschlagen; die wenigen Pythagoräer, die ich dort sah und hörte, schienen Leute zu seyn, die sich an den äußerlichen Formen ihres Ordens und an Ansprüchen begnügten, welche sie zu realisieren weder wußten noch begehrten. Ich sah mich also genöthigt die einsame Lebensart zu erwählen, die den Zerstreuung liebenden Atheniensern so lächerlich vorkam, und mich auf mein eigenes Forschen, und auf die Reinigungen und Uebungen der Seele einzuschränken, welche die natürliche Vorbereitung zu den höhern Stufen waren, die ich so sehnlich zu ersteigen wünschte.

Lucian.

Und fandest du denn, guter Peregrin, in ganz Athen keine ehrliche Glycerion, die dir die Wohlthat erweisen konnte, dich von allem diesem Unsinn auf einmal und von Grund aus zu entledigen? Denn, so viel ich merken kann, fehlte dir doch nichts als diese Cur.

Peregrin.

Um einen Arzt zu suchen oder zuzulassen, Lucian, muß man sich für krank halten, und davon war ich himmelweit entfernt. Auf dem Wege der Enthaltung, den ich ging, begegnet man keiner Glycerion, und wäre es geschehen, ich würde sie wie eine Empuse geflohen haben.

Lucian.

Sage mir nur noch dieß einzige: da du doch deine ganze Existenz an eine Eudä‐monie setztest, die dich mit Dämonen und Göttern in Gemeinschaft bringen sollte, stieg dir nie ein Zweifel über das Daseyn dieser wunderbaren Wesen auf? Fragtest du dich nie selbst: woher weiß ich daß es Dämonen und Götter giebt?

Peregrin.

Nie in meinem ganzen Leben; so wenig als es mir je einfiel mich zu fragen, ob es eine Sonne in der Welt gebe?

Lucian.

Aber daß die Sonne da sey, sahest du —

Peregrin.

Mit dem körperlichen Auge, aber nicht gewisser, als den Gott der Sonne mit dem geistigen.

Lucian
schüttelt den Kopf ein wenig.

Also weiter, Freund Peregrin!

Peregrin.

Es scheint, lieber Lucian, man müsse aus eigener Erfahrung wissen, was es ist, seine Seele mit lauter Ideaken von Schönheit und Vollkommenheit angefüllt zu haben; welche innere Ruhe, welche Freyheit und Größe es giebt, auf alle Gegenstände der Wünsche und Leidenschaften der Menschen mit Verachtung herabzusehen — im Getümmel aller dieser nach der Erde hingebückten Geschöpfe seine eigene höhere Natur zu fühlen — und, während sie einen nie gesättigten Hunger mit thierischen oder wesenlosen Befriedigungen zu stillen suchen, sich am reinen Ambrosia der Götter, an Schönheit, Harmonie und Vollkommenheit zu weiden — kurz, mitten in der Hülle der groben Sinnenwelt in einer lichtvollen und grenzenlosen Welt von Geistern und Ideen zu leben: man muß, sage ich, vermuthlich aus Erfahrung wissen was für eine Existenz dieß ist, oder du würdest mich in diesem Zustande nicht so bedauernswürdig finden, als du zu thun scheinst. Aber solltest du nicht wenigstens dieß erfahren haben: daß es Träume giebt, die uns glücklicher machen, als wir wachend je gewesen sind, und deren wir uns, selbst nach dem Erwachen, noch immer mit Vergnügen erinnern?

Lucian.

Träume? — Allerdings! — Aber wie ging es dir dann auf der Fahrt nach Smyrna? Ihr hattet doch günstigen Wind und gutes Wetter?

Peregrin
lächelnd.

Sehr gutes. Wir kamen glücklich zu Smyrna an, und mein Genius wollte mir

so

so wohl, daß ich gleich in den ersten Tagen die Bekanntschaft eines eisgrauen alten Mannes, Nahmens Menippus, machte, der keiner von den unangesehensten in der Stadt war, und in seiner Jugend mit dem Weisen, den ich genauer zu kennen so begierig war, mit dem großen Apollonius, vielen Umgang gepflogen hatte.

Lucian.

Wie? doch nicht des Menippus, von dem uns der aberwitzige Damis in seinen Reisen des Apollonius das abgeschmackteste aller Ammenmährchen erzählt, die Geschichte von der Empuse oder Lamie, die, um diesen Menippus in sich verliebt zu machen, die Gestalt einer schönen Frau aus Phönizien angenommen, ein prächtiges Haus gemacht, und die Sache zwischen ihr und ihrem verblendeten Liebhaber bis zur Hochzeit getrieben habe; da denn der theure Wundermann Apollonius ganz unerwartet zum Hochzeitschmause gekommen, das ganze Zaubergastmahl samt allem Gold- und Silbergeschirr und allen Bedienten verschwinden gemacht, und die arme in Thränen zerfließende Braut genöthigt habe, zitternd und zähnklappend zu gestehen, daß sie eines von den Gespenstern sey, womit die Ammen den unartigen Kindern zu drohen pflegen, und daß sie den holden Menippus bloß darum an sich gezogen, um ihn erst recht fett zu machen und dann lebendig aufzueſſen, indem sie und die übrigen Lamien, ihre Schwestern, gar große Liebhaberinnen von jungen wohlgenährten Mannspersonen seyen, weil sie so reines Blut hätten? Wars etwa der?

Peregrin.

Eben der, Lucian, wiewohl er die Geschichte mit der La mie, wie du leicht erachten kannst, etwas anders erzählte. Das angebliche Gespenst war weder mehr noch weniger als eine ausländische Hetäre, die schon seit mehrern Jahren zu Korinth unter dem Nahmen einer phönizischen Dame junge Leute an sich gezogen und auf die eine oder andere, oder auch auf beyderley Art zugleich, so gut ausgesogen hatte, als es eine leibhafte Empuse nur immer hätte thun können. Menippus, der sich damals zu Korinth aufhielt und ein wohlgemachter athletenmäßiger junger Mensch war, hatte sich ebenfalls in den Netzen dieser schönen Menschenfresserin gefangen; und Apollonius, der ihn wenige Wochen zuvor in voller Blüthe und Jugendkraft gesehen hatte, brauchte weder ein Prophet noch ein Halbgott zu seyn, um ihm die Verheerung, welche die Phönizierin an den Rosen seiner Wangen angerichtet hatte, auf den ersten Blick anzusehen. Er brachte den jungen Menschen, der ihm sehr ergeben war, ohne Mühe zum Geständniß, und Menippus mußte ihm versprechen, einem so gefährlichen Umgang zu entsagen. Aber die Phönizierin hatte keine Lust, sich einen Liebhaber rauben zu lassen, von dessen Wichtigkeit niemand besser urtheilen konnte als sie. Sie hatte wirklich eine heftige Leidenschaft für ihn gefaßt, und da sie schon ziemlich weit über ihre Rosenzeit hinaus war, und bereits einen großen Theil ihrer Reitzungen von der Kunst borgen mußte, beschloß sie, weil ihr kein anderes Mittel übrig blieb, den Menippus durch den Antrag ihrer Hand und der Reichthümer, die sie auf Unkosten ihrer Liebhaber erworben hatte, an sich zu fesseln. Dieser ließ sich in einem Augenblick von Schwäche überwältigen. Die Phönizierin veranstaltete eine prächtige Hochzeit, und legte bey dieser Gelegenheit alles ihr Silber und alle ihre goldnen und mit Edelgesteinen besetzten Becher und Trinkschalen aus, um ihren Geliebten durch die Größe seines Glückes zu desto lebhafterer Dankbarkeit aufzufordern. Alles ging so gut wie sie es nur wünschen konnte: als auf einmal der von allem unterrichtete Apollonius erschien, und der Hochzeitfreude ein Ende machte. Das, wodurch dieser außerordentliche Mann den größten Theil seiner Wunder wirkte (sagte Menippus) war die majestätische Länge und Schönheit seiner Gestalt, und die Magie seiner Beredsamkeit, die durch sein Ansehen und den Ton seiner Stimme eine hinreißende Gewalt bekam — kurz, ein Aeußerliches, wodurch er Königen und dem Kaiser Domitianus selbst eine Art von Ehrfurcht zu gebieten gewußt hatte. Was Wunder, daß eine so mancher Schuld sich bewußte Dirne, wie diese, von der unerwarteten Gegenwart und der donnernden Anrede eines solchen Mannes, der sie eine Lamie schalt und seinen Freund aus ihren Klauen, wie er sagte, zu retten gekommen war, zu Boden geworfen wurde? Das Gastmahl, das Gold und Silber und die Bedienten verschwanden freylich, aber auf ihren eigenen Wink. Die bestürzte Phönizierin fiel dem Apollonius zu Füßen: allein, was hätten ihre Bitten und Thränen über diesen Mann vermögen sollen? Er führte die angefangene Vergleichung ihres Charakters und ihrer bisherigen Lebensart mit dem, was von den Lamien oder Empusen gefabelt wird, ohne alle Schonung und mit Worten von solchem Nachdruck aus, daß das arme Weib beynahe selbst zweifelte ob sie nicht wirklich eine Lamie sey — und endigte damit, daß er den erschrocknen und beschämten Menipp, mit der Autorität, die er sich über seine jungen Freunde zu geben wußte, beym Arm ergriff und mit sich davon führte, indem er zugleich der verblüfften Lamie befahl, unverzüglich aus Korinth zu verschwinden, und sehr nachdrückliche Drohungen hinzufügte, wofern sie sich unterstünde jemals wieder einem seiner Freunde nachzustellen.

Lucian.

So habe ich mir diese Geschichte immer gedacht, und es ist bey diesem, wie bey allen andern Mährchen des Babyloniers Damis, ziemlich leicht, das Natürliche und Wahre von dem Wunderbaren, wodurch er es, dem Genie seines Landes gemäß, aufzustutzen sucht, zu unterscheiden.

Peregrin.

Der alte Menippus erzählte mir eine Menge dergleichen Anekdoten, worauf der Schildknapp Damis und andere seines gleichen ihren Glauben gründeten, daß Apollonius wenigstens ein Halbgott, wo nicht gar ein ganzer Mensch gewordner Gott gewesen sey; welche aber, seiner Meynung nach, weiter nichts bewiesen, als daß er ein Mann von ungewöhnlich großem Genie und Charakter war — und damit sehr viel bewiesen. Es ist natürlich, sagte er, daß derjenige von gemeinen Menschen für mehr als ein Mensch gehalten wird, der das Größte was ein Mensch seyn kann, und also so weit über sie erhaben ist, daß ihnen schwindelt wenn sie an ihm hinaufsehen. Wir stritten uns öfters über diesen Punkt; denn ich konnte dem angenehmen Wahne, den Apollonius für eines der glänzendsten Beyspiele eines ver­menschten Dämons zu halten, ohne eine allgemeine Umkehrung meiner ganzen Vorstellungsart unmöglich entsagen; und Menippus, entweder weil er diese Bemer­kung gemacht hatte, oder weil er nicht stark an seinen Meynungen hing, begnügte sich bey unsern Disputen über diese Dinge gemeiniglich, sich mit einem unglaubigen Vielleicht in die sokratische Unwissenheit zurückzuziehen.

Ich fragte ihn einst, wie es käme, daß ein Weiser von so außerordentlicher Art, wie Apollonius, keine Schüler, die seiner würdig wären, hinterlassen, und daß dieser zweyte, oder vielleicht zum zweyten Mal in die Welt gekommene Pythagoras auf die Pythagoräer unsrer Zeit so wenig gewirkt habe? Menippus schien dieß für eine Bestätigung und natürliche Folge seiner Meynung von der Person des Apollonius anzusehen. Ein ungewöhnlich großer Mann, sagte er, hat eben deßwegen wohl dumpfe Anstauner, aberglaubische Verehrer, kindische Nachahmer und mechanische Wiederhaller seiner Worte, aber keine Söhne und Erben seines Geistes, seiner Naturgaben, und seines Charakters. Indessen, wenn man einer Sage, die seit einiger Zeit sich verbreitet, glauben dürfte, so befände sich in der Gegend von Halikarnassus eine Art von Prophetin oder Magierin, die eine Ausnahme hievon machte. Man spricht sehr verschieden von dem was sie seyn soll. Einige geben sie für eine ägyptische oder syrische Priesterin aus; nach andern ist sie nichts geringers als die erythräische Sibylle, die nach einer Verschwindung von tausend Jahren sich wieder sehen läßt; die meisten aber halten sie für eine Tochter des **Apollonius**, dem sie ungemein ähnlich seyn soll, und geben ihr, um ihren Ursprung noch mehr zu verherrlichen, ich weiß nicht welche Göttin oder Nymphe zur Mutter, mit welcher er sie, nach seiner Verschwindung aus den Augen der Menschen, in einer der glücklichen Inseln wohin er sich ohne zu sterben zurückgezogen, erzeugt habe. Kurz, diese **Theoklea**, wie sie sich nennt, ist eine sehr geheimnißvolle Person: aber darin stimmen alle Gerüchte von ihr überein, daß ihr nichts vergangenes noch künftiges unbekannt sey, daß sie mit den

Göttern umgehe, viele Wunderkuren verrichtet habe, und überhaupt ganz unbegreifliche Dinge zu thun im Stande sey. Wenn mich, setzte er hinzu, mein hohes Alter nicht an Smyrna fesselte, so hätte ich selbst die Reise nach Halikarnaß gemacht, um diese wundervolle Person kennen zu lernen, und zu sehen ob sie dem Apollonius, dessen Bild keine Zeit aus meinem Gedächtniß auslöschen kann, wirklich so ähnlich ist als man sagt. — Besitzest du, fragte ich ihn, keine Bildsäule oder Büste von ihm? — Mehr als eine, erwiederte er, und führte mich sogleich in ein Museon, wo er mir unter andern Brustbildern großer Männer verschiedene zeigte, die den Apollonius vorstellen sollten, aber an deren jedem er vieles auszusetzen hatte. Ich drückte diejenige, die er für die ähnlichste erklärte, tief in meine Seele, und beschloß bey mir selbst (wiewohl ich ihm nichts davon merken ließ) daß sich der Mond nicht zweymal ändern sollte, ehe ich mich durch meine eigenen Augen überzeugt hätte was an der Sache wäre.

Ich machte die Reise von Smyrna nach Halikarnaß zu Lande, und mit solcher Eilfertigkeit, daß ich zu Ephesus nicht einmal so lange verweilte, um den Dianentempel zu sehen, dem ich zu einer andern Zeit eine große Reise zu lieb gethan hätte. Je näher ich dem Ziel meiner Reise kam, je öfter hörte ich von der weisen Theoklea, oder Apollonia, wie sie von vielen genannt wurde, sprechen. Man erzählte seltsame, und (wie es zu gehen pflegt) übertriebene Dinge von ihren Orakeln und Wundern, von ihrem einsamen Aufenthalt in einem heiligen Walde der

Venus Urania, von ihrer Felsenwohnung, in welche keinem Menschen den Fuß zu setzen erlaubt sey, und wo sie von unsichtbaren Nymphen bedient werde, und wie übel es gewissen Verwegenen bekommen sey, die sich aus Vorwitz oder einer andern sträflichen Absicht hätten erfrechen wollen, ohne ihre Erlaubniß in ihre geheimnißvolle Wohnung einzudringen. Alles was ich hörte, vermehrte mein Verlangen, mit dieser Tochter des Apollonius, (wofür ich sie, ungesehen und ununtersucht, zu erkennen geneigt war) so bald als möglich genauer bekannt zu werden. Besonders war ich über den heiligen Hayn der Venus Urania, worin sie sich aufhielt, erfreut: denn ich schloß daraus, daß sie mit dieser Gottheit, zu deren Anschauen zu gelangen schon so lange das Ziel aller meiner Bestrebungen war, in unmittelbarer Verbindung stehen müßte. Die Schwierigkeit war nur, wie ich Zutritt bey ihr erhalten könnte, da meine Frembheit, mein Geschlecht und meine Jugend meinen Wünschen nicht geringe Hindernisse entgegen setzten. Nach vielem Hin- und Hersinnen schien mir das schicklichste zu seyn, ihr mein Anliegen schriftlich vorzutragen. Ich machte ihr, mit Verschweigung meines Nahmens, in wenigen aber starken Zügen eine Abschilderung von mir selbst; entdeckte ihr das mich unumschränkt beherrschende Verlangen in den Mysterien der höchsten und heiligsten Magie initiiert zu werden, und wie weit ich es in der Vorbereitung dazu gebracht zu haben glaubte; und, um ihre Zuneigung desto eher zu gewinnen, setzte ich hinzu (wie es denn auch die reine Wahrheit war) daß ich der himmlischen Venus, als der ewigen Quelle und Fülle des höchsten und unvergänglichen Schönen, schon seit mehrern Jahren ein heiliges Gelübde gethan hätte, mich von aller irdischen Liebe und allem sinnlichen Liebesgenuß rein zu erhalten, und meine Seele sowohl als meinen Leib in unbefleckter Unschuld für ihren Dienst, dem ich mich gänzlich gewidmet hätte, aufzubewahren. Alles dieses vorausgeschickt, legte ich ihr diese zwey Fragen vor: ob mein Verlangen der Göttin angenehm sey? und, was ich in diesem Falle weiter zu thun hätte?

In einer Entfernung von vierzig bis funfzig Schritten von dem Felsen, worin Theoklea sich aufhielt, lief eine hohe und dichte Hecke von wilden Myrten um denselben, deren Pforte immer verschlossen blieb.

blieb. Vor dieser Pforte lag ein großer Sphinx von weißem Marmor, in dessen offnen Mund alle, welche die Prophetin um etwas befragen oder ersuchen wollten, ein Papier steckten, worauf ihr Anliegen kurz und deutlich ausgedrückt war. Aber so wie man ihre Antworten oder ihre Hülfe unentgeldlich erhielt, so war auch die Erlaubniß, sich durch dieses Mittel an sie zu wenden, auf eine einzige Stunde eines gewissen Tages in jeder Woche eingeschränkt, und die Erhörung hing gänzlich von der Willkühr der Göttin oder ihrer Priesterin ab. Auch durfte niemand, der sich einer Uebelthat oder Verunreinigung, wodurch er der Göttin mißfällig seyn konnte, bewußt war, den Graben überschreiten, der den heiligen Bezirk von dem übrigen Walde absonderte; und man pflegte sich daher gewöhnlich eines Knaben unter zwölf Jahren zu bedienen, um die Briefe oder die Zettel dem Sphinx in den Mund zu stecken.

Ich hatte mir jenseits des Grabens ein Zelt aufschlagen lassen, wohin ein einziger alter Diener, der bey mir war, meine unentbehrlichsten Bedürfnisse bringen mußte. Aber von dem Augenblick an, da ich meinen Brief an Theoklea abgelegt hatte, brachte ich den ganzen Tag in dem Innern des Haynes zu, dessen heilige Dunkelheit und Stille das schicklichste Mittel war, die Abgeschiedenheit oder den pythagorischen Tod, wodurch ich in das dämonische Leben übergehen mußte, zu befördern, und mein Inwendiges dem himmlischen Lichte aufzuschließen, worin ich zum unmittelbaren Anschauen der göttlichen Dinge zu gelangen versichert war. Eine unzählige Menge schneeweißer Tauben schienen die einzigen Bewohner dieses Haynes zu seyn, deren Farbe das Symbol der Reinheit, so wie ihr sanftes Girren (der einzige Laut der die tiefe Stille belebte) mir ein Bild des sehnenden Verlangens der Seele war, sich mit der höchsten Schönheit zu vereinigen. Die damalige Jahrszeit (es war im Anfang des Sommers) der reine Himmel dieses schönen Landes dem wenige in der Welt zu vergleichen sind, die durch die lieblichste Kühlung gemilderte Wärme, alles trug das Seinige bey, einen Jüngling von zwanzig Jahren, der so sonderbar gestimmt war, in diese Art von wachenden Träumen zu versetzen, wo, unter einem Schlummer der Sinne den das Flattern eines Schmetterlings erwecken kann, das Zauberspiel der begeisterten Einbildung zum Anschauen und die leiseste Ahndung der Seele zur Em-

pfindung wird — wo wir in vorbey-
blitzenden Augenblicken sehen und hören
was keine Zunge beschreiben, kein Apelles
mahlen, kein Günstling der Musen in Töne
setzen kann — und das was wir in diesen unbegreiflichen Augenblicken erfahren, es uns vielleicht durch unser ganzes
Leben unmöglich macht, dem Gedanken
Raum zu geben, daß es Täuschung gewesen seyn könnte.

Lucian.

Eine glücklichere Stimmung hätte in
der That die göttliche Theoklea oder Apollonia ihrem künftigen Schüler nicht wünschen können!

Peregrin.

Nachdem ich den größten Theil des Tages und der Nacht auf diese Weise vorbey-

geträumt hatte, war ich endlich in einer süßen Ermattung unter einigen Lorbeerbäumen mitten im Hayn eingeschlafen, als ich beym Erwachen die Antwort der Tochter des Apollonius auf meinem Schooße liegen fand. Wie groß war mein Erstaunen, als ich, der in meinem Briefe nicht genannt war und schwerlich in ganz Karien von jemand gekannt seyn konnte, die Aufschrift erblickte: An Peregrinus Proteus von Parium. Es konnte nur durch die Entzückung, in welche mich der Inhalt setzte, übertroffen werden. „Mein Verlangen war der Göt„tin angenehm, und noch heute sollte ich „mich in der ersten Stunde nach Mitter„nacht vor der Pforte einfinden, die in „den innersten Bezirk des heiligen Hay„nes führte."

Ich erlasse dir, lieber Lucian, die Beschreibung alles dessen, was bis zu dieser feyerlichen ersten Stunde nach Mitternacht in mir vorging: du kennst nun bereits deinen Mann so gut, als ein Geist aus deiner Klasse ihn zu kennen fähig ist; und überdieß habe ich dir noch so viele und sonderbare Dinge bis zu dem Augenblick meiner **Verlüftung** (wie es dein Unbekannter zu nennen beliebt hat) zu erzählen, daß ich mich, wo es nur immer ohne Nachtheil der Sache geschehen kann, der möglichsten Kürze werde befleißen müssen.

Lucian.

Du kannst wenigstens auf einen willigen und dankbaren Hörer rechnen, Peregrin. So lange du meine Aufmerksamkeit wie bisher unterhältst, und unvermerkt immer höher spannst, werde ich deine Erzählung nie zu umständlich finden.

Peregrin.

Nachdem ich mich in der heiligen Quelle, die aus einem Felsen des Hayns hervorsprudelte, dreymal gewaschen, und ein schneeweißes Kleid angezogen hatte, begab ich mich an den bestimmten Ort, und wartete mit klopfendem Herzen bis die Pforte sich öffnen würde. Sie öffnete sich endlich, und schloß sich sogleich wieder hinter mir zu. Ich befand mich zwischen zweyen mehr als mannshohen Myrtenwänden, in einem sehr langen Gang, der mich zu einem Rosenhayn führte, wo die schönsten Rosen, die ich jemals sah, in unendlicher Menge und Mannigfaltigkeit der Formen an hoch aufgeschoßnen und zierlich durch einander geschlungenen Büschen in voller

Blüthe standen, und, im Glanze des beynahe vollen Mondes, durch die anmuthigste Vermischung von Licht und Dämmerung, und den Abstich starker Schlaglichter mit schwarzen Schatten, eine beynahe magische Wirkung auf mich thaten. Ich schien mir in die Sphäre verzückt zu seyn, die der eigene Wohnsitz der Göttin der Schönheit und Liebe ist; der Glanz, der mich umfloß, war der Wiederschein ihres Lächelns, und die Luft, die ich einsog, der Rosenathem ihres himmlischen Mundes. Das Wonnegefühl, wovon mein ganzes Wesen durchdrungen war, befreyte mich von aller Bangigkeit; mir war als ob ich keinen Körper mehr hätte, ich fühlte mich lauter Seele, und noch nie war ich mir so lebhaft und innig meiner dämonischen Natur bewußt gewesen. In diesem Zustande irrte oder schwebte ich vielmehr unter den zauberischen Rosengebüschen umher, als eine ehrwürdige Gestalt langsam auf mich zu kam, in welcher ich, so wie sie sich näherte, (es sey nun daß es Täuschung oder Wahrheit war) immer mehr und mehr die auffallendste Aehnlichkeit mit dem Bilde des Apollonius, und der Abschilderung, die mir der alte Menipp von ihm gemacht hatte, entdeckte. Es war eine Frau von hohem schlankem Wuchs und feiner Gestalt, dem Ansehn nach zwischen dreyßig und vierzig, von einer schönen Gesichtsbildung, worin gerade so viel Weiblichkeit war, als erfodert wurde, den Ernst ihrer edeln aber beynahe männlichen Züge angenehm zu machen. Sie war, unter einer langen weißen schmalgefalteten Tunica, die ein breiter funkelnder Gürtel unter ihrem Busen zusammenhielt, in ein himmelblaues, mit silbernen Sternen durchwirktes Gewand gekleidet, dessen weite Aermel bis auf die halbe Hand herabhingen. Ihre schwarzen Haare, um die Stirne mit einer weißen priesterlichen Binde umschlungen, wallten in langen Locken um ihre Schultern den Rücken hinab. Ich blieb stehen, indem sie mit Grazie und Würde langsam auf mich zuging, und da sie, in einer Entfernung von drey oder vier Schritten still hielt, näherte ich mich ihr mit Ehrerbietung, und sagte ihr: ich glaubte mich nicht irren zu können, wenn ich die Tochter des großen Apollonius und die Erbin seiner erhabenen Weisheit in ihr verehrte; wer ich selbst wäre, hätte ich nicht nöthig derjenigen zu sagen, die mich in diesem Lande unbekannten, sogar ungesehen, schon gekannt hätte. Sie erwiederte: „ich würde mich nicht mehr hierüber verwundern, wenn sie mir sagte, daß ihr, in der ersten Nacht meiner Ankunft zu Halikarnaß, Apollonius im Traum erschienen sey, und sie angewiesen habe, mir zur Befriedigung meiner Wünsche behülflich zu seyn." — Ich gestehe, daß sich meine Eigenliebe durch diese Eröffnung nicht wenig geschmeichelt fand; denn sie versicherte mich der Wahrheit meiner Meynung von mir selbst und aller meiner Lieblingsideen, und ich schien mir nun mit meinen stolzesten Ansprüchen nach nichts zu streben, als wozu ich gleichsam durch meine Geburt berechtigt war.

Theoklea führte mich hierauf aus dem Rosenwäldchen in einen Gang, der mit einer doppelten Reihe hoher Pomeranzenbäume besetzt war, und auf einer sanft emporsteigenden Anhöhe zu einem marmornen Tempel führte. Wir setzten uns unter dem vordern Säulengang auf eine Bank, und sie wußte mich, wiewohl sie wenig sprach, unvermerkt dahin zu bringen, daß ich ihr eine umständliche Erzählung der Geschichte meines Lebens machte. Bald darauf, als ich mit meiner Erzählung fertig war, stand sie auf, nahm mich bey der Hand, führte mich an der linken Seite der Anhöhe auf einem durch Gebüsche sich windenden Pfade herab, und, indem sie mich mit einem leisen Druck der Hand versicherte, daß ich bald wieder von ihr hören würde, sah ich mich unversehens wieder vor der Pforte durch die ich hereingekommen war. Sie öffnete und schloß sich, wie das erstemal, von selbst, Theoklea war verschwunden, und ich befand mich in der Verfassung eines Menschen, der aus einem schönen Traum erwacht, in dem äußern Bezirke des Haynes allein.

Lucian.

Deine Theoklea legitimiert sich als eine ächte Tochter des großen Apollonius; denn sie konnte ein wenig hexen, wie es scheint. Ich gestehe daß du meine Neugier gewaltig rege gemacht hast.

Peregrin.

Du wirst dich nicht betrogen finden, wenn du von einem solchen Anfang nichts alltägliches erwartest. Die Sonne hatte die Hälfte ihres Laufs zurückgelegt, als ich, nach einem leichten Mahle, unter dem angenehmen Gewirre der Gedanken, Ahndungen und Träumereyen, die das Abenteuer der vergangnen Nacht in meiner Seele theils zurückgelassen theils erweckt hatte, einschlummerte, und nicht eher wieder erwachte als nachdem sie bereits untergegangen war. Wie ich die Augen aufschlug, sah ich einen nackten Knaben von neun bis zehn Jahren vor mir stehen, dessen Schönheit mir mehr als menschlich schien. Er war mit Rosen bekränzt, hatte einen Lilienstängel in der Hand (der mich an Anakreons Amor erinnerte) und winkte mir schweigend, mit einem lieblich unschuldigen Lächeln, ihm zu folgen. Er ging vor mir her, und führte mich durch ein Gewinde unbekannter Büsche, auf einem durch Kunst geebneten schneckenförmig steigenden Pfad an einem Felsen hinauf. Auf einmal standen wir am Eingang einer hohen gewölbten Grotte, die von einer einzigen Lampe erleuchtet war; und in ihrer Vertiefung mit jedem Schritte niedriger und enger wurde. Mein kleiner Führer öffnete eine Thür, und ich befand mich in einem mit Marmor zierlich ausgelegten Vorsaale, durch dessen innere Oeffnung ich in einem größern schön erleuchteten Gemach eine kleine Tafel gedeckt sah.

Indem ich mich nach meinem verschwundnen Führer umsah, kam mir die Tochter des Apollonius entgegen. Du bist mir zu gut empfohlen worden, Proteus — sagte sie mit einem leisen Lächeln, das den Ernst ihrer Züge sehr angenehm erheiterte und ihrer Miene etwas einladendes gab — als daß es mir erlaubt wäre, dich nicht als einen Gast zu betrachten, den mir Apollonius zugeschickt hat. Und hiemit nahm sie mich bey der Hand und führte mich zu einem vergoldeten Stuhl, wo ich mich an der kleinen Tafel ihr gegenüber setzen mußte. Sie war leichter und einfacher als gestern aber äußerst edel angezogen, und hatte mit ihrer priesterlichen Binde um die Stirne das Ansehen einer

Vestalin in ihrer Hauskleidung. Die kleine Tafel war nieblich besetzt, und eine einzige junge Nymphe, lieblich und unentfaltet wie eine Rosenknospe, verrichtete den Dienst der dabey nöthig war. Während ich mit aller Eßlust eines Menschen von meinem damaligen Alter, der seit etlichen Tagen nur sehr leichte Mahlzeiten gethan hatte, dem Gastmahl meiner freundlichen Wirthin Ehre machte, sprach sie mit mir von meiner Reise, von den Schönheiten der Stadt Smyrna, und von dem Dianentempel zu Ephesus; und es schien ihren Beyfall zu haben, daß ich, vor lauter Verlangen bald zu Halikarnaß zu seyn, keine Zeit gehabt hatte, dieses Wunder der Welt in Augenschein zu nehmen. Als die Tafel abgetragen war, goß sie etwas Wein in eine goldene Schale, machte der Göttin eine Libation damit, und, nachdem

sie

sie die Schale wieder gefüllt hatte, brachte sie mir den gewöhnlichen Gast- und Freundschaftstrunk in einem Weine zu, der nur dem Nektar der Götter weichen konnte. Wir standen endlich auf, und während uns die junge Nymphe Wasser zum Waschen in einem vergoldeten Becken reichte, verschwand die Tafel, ohne daß ich sah wohin sie gekommen war. Eine Anmerkung, die ich erst lange hernach machte, war, daß Theoklea bey allem Wunderwürdigen, was ihren Aufenthalt von der Wohnung gewöhnlicher Sterblichen unterschied, gerade so aussah als ob nichts alltäglichers seyn könnte als diese Dinge, und daß sie meine wenige Befremdung darüber eben so wenig zu bemerken schien. Bald nachdem wir von Tische aufgestanden waren, öffnete sie eine Thür, die auf eine kleine Terrasse führte, von welcher man über einen Theil dieser anmuthigen Wildniß, und weiterhin durch eine Oeffnung des Waldes in die See, wie ins Unendliche, hinaussah. Hier setzten wir uns wieder, und die junge Nymphe brachte ihr eine Laute. Theoklea spielte einige sanfte melodische Stücke, und endigte mit einem Hymnus an Venus Urania, der meine ganze Seele mit heiligen Gefühlen durchdrang; ich glaubte, die hohe Theano oder ihre Tochter Myja dem still horchenden Pythagoras und seinen Freunden himmlische Ruhe zusingen zu hören. Nach dieser pythagorischen Vorbereitung zum Schlafengehen gab sie die Laute zurück, führte mich in ein kleines, nur vom Mondschein schwach erhelltes Schlafgemach, das für mich zubereitet war, wünschte mir mit feyerlicher Miene einen gesunden und heiligen Schlummer, und entfernte sich.

Erster Theil.

Was dir vielleicht sonderbarer als alle diese Feerey vorkommen wird, ist dieß: daß ich das Alles, wie gesagt, ohne Erstaunen oder Verwunderung, als etwas das meine Erwartung nicht übertraf, kurz als die natürlichste und schicklichste Sache von der Welt aufnahm. Die ganze Wirkung, die es auf mich that, war, mich gleichsam unter Gewährleistung aller meiner Sinne gewiß zu machen, daß ich wirklich bey der Tochter des Apollonius, der Erbin seiner Weisheit und erhabenen Geheimnisse, sey. Dieß vorausgesetzt, hätte alles noch weit außerordentlicher bey ihr seyn können, ohne daß ich einen Augenblick stutzig darüber geworden wäre. Meine Einbildung war von früher Jugend an mit allen Arten des Wunderbaren vertraut, und was in dem gemeinen Laufe der Dinge wunderbar heißt, war, nach meiner Vorstellungsart, in dem höhern Kreise, zu welchem Theoklea gehörte, natürlich. Ich überließ mich also mit dem ruhigsten Zutrauen der Freude über eine Aufnahme, die alles was ich erwarten konnte übertraf, und schlief in Hoffnungen ein, die der Traumgott selbst mit aller seiner grenzenlosen Macht nicht hätte übertreffen können.

Als ich mit dem Tag erwachte, war das erste was mir in die Augen fiel, ein wunderschönes Gemälde, welches in einem prächtigen Rahmen von vergoldetem Schnitzwerk eine ganze Wand meines Schlafgemachs einnahm. Es stellte Venus und Adonis vor: jene, in dem Augenblicke, wie sie von einer rosenfarben Wolke umgeben auf einer Anhöhe des idalischen Hayns aus ihrem Schwanenwagen steigt, indem eine von ihren Grazien die Zügel hält, und die beyden andern, mit der Göttin die schönste Gruppe machend, ihr im Aussteigen behülflich sind; **diesen,** wie er, zu ihren Füßen liegend, mit dem wärmsten Ausdruck der anbetenden Liebe zu ihr emporschaut, in einer Stellung als ob er die Arme gegen sie ausbreiten wollte, aber plötzlich von einem heiligen Schauer zurückgehalten würde.

Es wäre schwer die Bewegungen zu beschreiben, die dieser unerwartete und meinen eigenen innern Zustand mir so lebhaft vor die Augen stellende Anblick in meinem ganzen Wesen hervorbrachte. Genug, dieses Gemälde beschäftigte mich einige Stunden lang um so angenehmer, da ich es als ein Unterpfand betrachtete, daß ich dem Ziele meiner Wünsche nahe sey. Indessen, wie groß und blendend mir auch die Schönheit der Göttin anfangs vorkam, so verlohr sie doch bey so oft wiederholtem Anschauen und Betrachten unvermerkt, und schien mir zuletzt weit unter dem Ideale zu bleiben, das ich in meiner Seele trug. Nicht als ob ich mir wirklich schönere Formen, oder im Ganzen ein vollkommneres Bild von ihr hätte einbilden können: sondern weil ihm die Glorie, worin ich sie mir dachte, alles das Unaussprechliche, Himmlische und Göttliche, das sich nicht malen läßt, fehlte, — oder vielmehr, weil das gemalte Bild die ganze Wirkung nicht auf mich that, die ich von einer Erscheinung der Göttin selbst erwartete. Indessen kam ich doch von Zeit zu Zeit zu ihm zurück, um den Gedanken an ihm zu nähren, was Adonis beym Anschauen der gegenwärtigen Göttin empfunden haben müsse, da der bloße gefärbte Schatten des Bildes, das ein Maler sich von ihr vorstellen konnte, schon so viel anziehendes und liebeathmendes hatte.

Lucian.

Wie sehr, guter Peregrin, bestätigt dein Beyspiel die große Wahrheit, daß es nicht die Dinge selbst, sondern unsre durch die Individualität bestimmte Vorstellungen von ihnen sind, was die Wirkung auf uns macht, die wir den Dingen selbst zuschreiben, weil wir sie unaufhörlich mit unsern Vorstellungen verwechseln.

Peregrin.

Ich sollte an diesem Morgen auf mehr als Eine Art überrascht werden. Indem ich verschiedene schöne Stücke, womit dieſes Gemach ausgeziert war, durchging, ward ich auf einem kleinen Ecktiſche von Ebenholz eines elfenbeinernen Käſtchens gewahr, worin ein goldner Schlüſſel ſteckte. Da ich dieß für eine Erlaubniß anſah es zu öffnen, ſo ſchloß ich es auf, und fand — eine mit goldnen Buchſtaben beſchriebene Rolle von purpurfarbem Pergament darin, welche die Ueberſchrift hatte: Apollonius der Tyanenſer von Theophanien *). Du kannſt dir vorſtellen, mit welchem Entzücken, und zugleich mit wie viel Ehrerbietung und Glauben ich dieſen koſtbaren Schatz in die Hand nahm, und wie begierig ich zu leſen anfing. Ich war noch nicht weit gekommen, als mir Theoklea durch die junge Nymphe wiſſen ließ, ſie wäre verhindert mich dieſen Morgen zu ſehen; ich würde aber etwas ge-

---

*) Göttererſcheinungen.

funden haben das meine Muße hinlänglich beschäftigen könnte, und ich möchte es übrigens in allen Stücken so halten, als ob ich in meinem eigenen Hause wäre. Ich steckte also die Rolle in meinen Busen, und begab mich in eine Laube des Rosenhayns, der nahe an Theokleens Felsenwohnung lag. Bald darauf erschien der Knabe, der gestern mein Führer gewesen war, wieder, setzte ein aus Golddraht geflochtenes Körbchen, worin mein Frühstück war, auf einen kleinen Marmortisch, und schwand wieder aus meinen Augen, ohne ein Wort zu sagen. Ich brachte den ganzen Morgen mit Lesen und Wiederlesen der gefundnen Handschrift zu, die mir zwar in ihrer bildervollen mystischen Sprache nicht viel deutliches offenbarte, aber eben darum mein Gemüth nur desto lebhafter in Bewegung setzte. Unvermerkt überschlich mich die Mittagshitze bey dieser süßen Beschäftigung, und ich schlummerte unter den seltsamsten Träumereyen ein.

Als die schwülesten Stunden des Tages vorüber waren, ließ sich mein stummer Aufwärter wieder sehen, um mich in ein zierliches marmornes Bad zu führen, wo er mich stillschweigend mit allem bediente was man in einem Bade verlangen kann; denn bey Theokleen zeichnete sich alles durch Vollkommenheit aus. Wie endlich der Tag sich zu neigen anfing, ließ sie mir sagen, sie erwarte mich in der Grotte, wo sie in der heißen Jahrszeit den Abend zuzubringen pflegte. Sie empfing mich mit einem Ausdruck von Wohlwollen, der den Ernst ihrer Miene unvermerkt erheiterte. Das Buch des Apollonius von Theophanien wurde bald der Gegenstand unsers Gespräches; und da ich ihr auf die Frage, „ob ich alles darin verstanden hätte?" mit einem zögernden Nein antwortete, nahm sie davon Gelegenheit, mir über das, was mir nothwendig darin dunkel seyn müßte, so viel Licht zu geben als ich dermalen ertragen könnte. Sie unterschied zweyerley Arten von Theophanien. Die Götter, sagte sie, sind von jeher einigen besonders von ihnen geliebten Menschen sichtbar worden: zuweilen ohne Zuthun der letztern, aus bloßem Antrieb ihres eignen freyen Wohlwollens; zuweilen auf Veranlassung der Menschen, und durch die Mittel dazu bewogen, welche die theurgische Magie in ihrer Gewalt hat. Nicht als ob es nicht immer von den Göttern abhinge, sich mehr oder weniger, oder gar nicht mitzutheilen: son-

sondern weil es möglich ist auf die Neigung ihres Willens selbst zu wirken, und sie durch die Allgewalt der Liebe zur Gegenliebe zu nöthigen. In jedem Fall aber ist es unmöglich anders zu dieser Mittheilung zu gelangen, als stufenweise, und durch Mittel, wodurch sie selbst, in eben dem Maße, wie wir uns zu ihnen erheben, sich zu uns herablassen. Die höchsten und wohlthätigsten Götter haben sich daher immer in menschlicher Gestalt gezeigt, und bloß hierauf gründet sich die Verehrung, die wir ihren Bildern, sowohl als Denkmälern ehmaliger Theophanien, als in sofern die Götter diese Gestalt gewissermaßen zu ihrer eigenen gemacht haben, schuldig sind. Nicht selten sind diese Bilder, — nach Maßgabe der Stärke, womit die Seele durch ihr unverwandtes Anschauen sich von allen andern Bildern und Gedanken abzuscheiden, und in einem einzigen reinen Gedanken des Herzens sich die unsichtbare Gottheit selbst gegenwärtig und anschaulich zu machen fähig ist — Canäle außerordentlicher Gnaden der Götter gewesen; und es ist daher immer wohl gethan sich dieses Mittels zu bedienen, was auch der Erfolg seyn mag; der zwar immer von der Willkühr der Gottheit, aber gewiß sehr viel von der Beschaffenheit des Subjects und der Energie der Empfindungen abhängt, wodurch wir Uns zu ihnen aufschwingen und Sie zu uns herunter ziehen.

Diese Theorie — von welcher ich dir hier bloß einen leichten Umriß mache, — hatte besto mehr einleuchtendes für mich, da sie mit meinen eigenen Vorstellungen sehr gut zusammenstimmte, und mir zu einer vollgültigen Bestätigung derselben diente. Theoklea setzte noch verschiedenes hinzu, das mir einen hohen Begriff von ihren Einsichten in die **göttliche Magie** gab, und sprach unter andern mit Verachtung von gewissen Mitteln, wodurch manche angebliche Theurgen die Götter zum Erscheinen **nöthigen zu können** vorgäben. Es sey zwar nicht zu läugnen, sagte sie, daß es (zum Beyspiel) gewisse auserlesene **Wohlgerüche** gebe die ihnen angenehm seyen; denn sie liebten das reinste und vollkommenste in jeder Art: aber sie durch Räucherungen oder Zauberlieder **anziehen** zu wollen, sey ein kindischer Gedanke, und es werde nie ein anderes Mittel, sie zu uns zu ziehen, geben, als eben das wodurch wir uns zu ihnen aufschwüngen, nehmlich das heißeste Verlangen einer von jeder andern Begierde und Leidenschaft gereinigten Seele. Vielleicht hätten jene vermeynten Theurgen gehört, die Götter pflegten ihre Gegenwart zuweilen durch **himmlische Wohlgerüche** oder **Harmonien** oder ein **überirbisches Licht** anzukündigen, und hätten hieraus, ohne Grund, den Schluß gezogen, daß man sie durch **Fumigationen** und **Epoden** herbeylocken könne: immer sey gewiß, daß die **goetische Magie** sich solcher Behelfe zu Bewirkung betrüglicher Theophanien und Geistererscheinungen bediene, und eben darum enthielten sich die wahren Theurgen dieser zweydeutigen Mittel gänzlich.

Als sie zu reden aufgehört hatte, bat ich sie sehr inständig, mir, wofern sie mich deſſen nicht unwürdig hielte, das Heiligthum der Göttin, an deſſen Schwelle ſie mich vermuthlich bey unſrer erſten Zuſammenkunft geführt hätte, nicht länger zu verſchließen. Sie antwortete: daß dieſer Tempel allen Profanen unzugängbar ſey, mir aber, wie billig, noch in dieſer Nacht geöffnet werden ſollte. Bald darauf befahl ſie unſre Abendmahlzeit zu bringen, welche, ganz nach pythagoriſcher Weiſe, bloß aus einigen leichten Speiſen und auserleſenen Früchten beſtand; auch wurde bloßes Waſſer aus kryſtallenen Bechern dazu getrunken, aber das reinſte, leichteſte und friſcheſte, das ich je getrunken hatte. Nach der Mahlzeit hörten wir in einiger Entfernung eine äußerſt ſanfte und herzerhöhende Muſik von Inſtrumenten und Stimmen, ohne zu ſehen wo ſie herkam. Wir ſetzten uns auf eine Bank im Roſen-

Rosenhayn, und hörten ihr eine gute Weile zu. Endlich wurde sie immer schwächer und schwächer, bis sie ganz in die Lüfte zu zerfleißen schien. Wie wir nichts mehr hörten, stand Theoklea auf: Es ist nun Zeit, sagte sie, dein Verlangen zu befriedigen! — Du wirst das heilige Bild der Göttin sehen, und auf Sie allein wird es ankommen, wie viel oder wenig sie dir durch dieses Medium von Sich Selbst erblicken lassen will. Von nun an bis zum Aufgang der Sonne versiegelt das heilige Schweigen unsre Lippen!

Ich bückte ihr meinen Dank und meinen Gehorsam zu, und wir gingen mit langsamen Schritten den Pomeranzengang zum Tempel hinauf. Als wir ankamen, fanden wir unter den Säulen rechter Hand drey junge Nymphen in langem weißem Gewande, und auf der linken drey zwölfjährige Knaben, ebenfalls weiß gekleidet, auf uns warten. Theoklea schloß die äußere Pforte auf, und wir traten in eine Halle, in deren Mitte eine vergoldete Thür unmittelbar in den Tempel führte. Zu beyden Seiten war ein Gemach, zum Ankleiden der Personen, die in den Tempel eingehen durften, bestimmt. Theoklea begab sich mit den drey Nymphen in das eine, und winkte mir, den Knaben in das andere zu folgen. Alles was hier zu thun war, wurde stillschweigend verrichtet. Ich wusch vor allem mein Gesicht und meine Hände. Hierauf zogen sie mir mein Oberkleid ab, bekleideten mich mit einem langen Rock von weißer glänzender Seide, und gürteten mich mit einem breiten Gürtel von glattem Goldstoff mit den feinsten Perlen gestickt. Als ich angekleidet war, führten sie mich heraus, bückten sich, die Arme über die Brust gefaltet, vor mir und verschwanden. Bald darauf trat auch Theoklea wieder heraus. Sie war, über ein rosenfarbes Gewand das nur bis an die Knöchel reichte, in ein violett purpurnes Oberkleid mit langen weiten Ermeln gehüllt; ihre dichten Haare flossen losgebunden um ihre Schultern, und mitten auf der priesterlichen Binde um ihre Stirne funkelte ein Stern von citronfarben Diamanten. Sie hatte in diesem Aufzug beynahe selbst das Ansehen einer Göttin, und noch nie war sie mir so schön und blendend vorgekommen. Die drey Nymphen erschienen in einer Art faltenreicher Leibröcke von weißer Seide, mit breiten rosenfarben Gürteln, und ihre Haare waren mit einem goldnen Bande aufgebunden, dessen Enden an beyden Seiten bis an die

Knie herab hingen. Alle viere gingen mit zur Erde gesenktem Blicke vor mir vorbey; Theoklea öffnete mit einem goldnen Schlüssel die innere Pforte des Tempels, ging mit ihren Dienerinnen hinein, und schloß sie wieder hinter sich zu. Nach einer kleinen Weile that sich die Pforte wieder auf, sie traten heraus, und kamen langsam auf mich zu, jede etwas in der Hand haltend, das sie aus dem Tempel mitgebracht hatte. Theoklea band mir eine der ihrigen ähnliche Binde um die Stirne; eine der Nymphen setzte mir einen Myrtenkranz auf, die zweyte gab mir einen Lilienstengel in die rechte Hand, und die dritte einen Rosenzweig in die linke. Hierauf berührte die Priesterin jedes meiner Augen mit den drey Mittelfingern ihrer rechten Hand, winkte mir in den Tempel hineinzugehen, und schloß die Pforte hinter mir zu.

Lucian.

Wahrlich, viel Ceremonien, und mehr als zu viel um diese Mysterien verdächtig zu machen! Ich bin ungedulbig zu hören, wie sich das Alles enden wird.

Peregrin.

Was auch der Zweck dieser Feyerlichkeiten war, so viel ist gewiß, daß mir das Herz beym Eintritt in den Tempel merklich höher schlug. Ich blieb nahe an der Pforte stehen, und faßte mich zusammen so gut mir möglich war, indem ich mich umsah und den edeln Geschmack der innern Baukunst und Verzierung bewunderte, so viel ich davon bey dem Lichtstrom sehen konnte, der aus einer halbrunden Vertiefung hervorbrach, wo die Göttin in einer hohen vergoldeten Blende stand. Vor ihr, etwas seitwärts nach der rechten Hand, kniete ein marmorner Amor mit einer goldnen Pfanne, an Form dem Horn der Amalthea ähnlich, aus welcher mit dem lieblichsten Wohlgeruch eine ungemein helle Flamme in der Dicke einer Zirbelnuß emporloderte, und dem Marmorbilde der Göttin eine zum Verblenden täuschende Beleuchtung gab. Dieses Bild war merklich größer als alle Venusbilder die ich noch gesehen hatte, und verband in meinen Augen die Majestät einer Göttin mit einer Schönheit, die beym ersten Anblick alles, womit man sie hätte vergleichen können, auslöschte, und nichts vollkommneres wünschen ließ. Eine unfreywillige Gewalt warf mich vor ihm auf die Erde nieder, ich betete in ihm den sichtbaren Abglanz der höchsten geistigen Schönheit an, und fühlte in seinem Anschauen mein ganzes Wesen in die reinste Liebe aufgelöst. Doch ich will nicht versuchen, unbeschreibliche Empfindungen oder Täuschungen, wenn du willst, beschreiben zu wollen; denn in der That war es doch wohl Täuschung, daß ich zuletzt, obschon nur einen Augenblick, die Göttin selbst in ihrer ganzen überirdischen Glorie vor mir zu sehen glaubte.

Lucian
lächelnd.

Das sollte ich beynahe auch vermuthen. Aber was wurde zuletzt aus dem allen?

Peregrin.

Ich wurde endlich gewahr, daß die Fackel des Amors, die zu diesen Mysterien unentbehrlich war, in wenig Augenblicken erlöschen würde, und zog mich, noch frühe genug um die Thür des Tempels ohne tappen zu finden, zurück, nachdem ich meinen Myrtenkranz nebst dem Rosenzweig und Lilienstengel zu den Füßen der Göttin niedergelegt hatte. Ich fand vor der Thür einen von den Knaben, der mir das feyerliche Gewand wieder abnahm, und ich kehrte mit einem neuen Bilde in meiner Seele zurück, das, so zu sagen, ihre ganze Weite ausfüllte, aber, anstatt kalter Marmor zu seyn, von aller der Liebe belebt war, die —

Lucian.

— der kalte Marmor in dir angezündet hatte!

Peregrin
nach einer kleinen Pause.

Mein Zustand in dieser Nacht war wachend und schlafend ein immerwährender Traum von meiner angebeteten Göttin.

Bald lag ich wieder im Tempel zu ihren Füßen, bald wandelte ich an ihrer Seite im Hayn von Amathunt, bald fand ich mich mit ihr in die himmlische Sphäre der Schönheit und Liebe verzückt, und sah und fühlte unaussprechliche Dinge. Diese Gemüthsverfassung wäre vielleicht bey jedem andern völliger erklärter Wahnsinn geworden: aber bey mir war sie durch alles vorhergehende so gut vorbereitet, hing mit meinen herrschenden Ideen so schön zusammen, und war meiner ganzen Art zu Seyn so angemessen, daß ich mich in meinem Leben nie so heiter so gut und so glücklich gefühlt hatte. Kurz, mein Zustand war — bey aller Ueberspannung meiner Phantasie — der Begeisterung, worin sich jeder gefühlvolle und noch ungeschwächte Jüngling in den goldnen Tagen der ersten Liebe befindet, ähnlich genug, um im Grunde die natürlichste Sache von der Welt zu seyn.

Ich brachte einen Theil des folgenden Morgens mit Theokleen in den Rosengebüschen zu. Sie sagte mir: daß ich von nun an den Tempel so oft besuchen könnte als ich wollte, ohne daß es dazu ihrer Gegenwart oder besonderer Feyerlichkeiten vonnöthen hätte; sie würde mir zu diesem Ende einen eigenen Schlüssel zustellen, um davon freyen Gebrauch zu machen; nur mit dem einzigen Vorbehalt, daß der Tempel nie vor Untergang der Sonne aufgeschlossen werden dürfte, und bey ihrem Aufgang wieder zugeschlossen seyn müßte. Die Göttin, setzte sie hinzu, hat Wohlgefallen an der hohen Reinheit deiner Empfindungen, die unter den Sterblichen einem Wunder ähnlich ist; und ich müßte mich sehr irren, oder dir ist ein Loos beschieden, das selbst unter den Sönen der Weisen nur selten einem Glücklichen zu Theil wird, wiewohl mir nicht erlaubt ist dir mehr davon zu sagen.

Lucian.

Aha! Ich sehe sie kommen — dachte ich's doch gleich vom Anfang an!

Peregrin.

Ich errathe deinen Gedanken: aber nicht zu voreilig, Lucian! du könntest dich betrogen finden. Man ist mit den Leuten, in deren Gesellschaft ich dich gebracht habe, nicht so leicht im Klaren. Gedulde dich! das Drama nähert sich seiner Peripetie.

Mein gestriger erster Besuch des Tempels und was dabey in mir vorgegangen, war natürlicher Weise der vornehmste Gegenſtand, worüber ſich Theoklea mit mir unterhielt. Sie fragte mich, ob ich jemals zu Gnidos geweſen ſey? und da ich mit nein antwortete, fuhr ſie fort: Du kennſt alſo die berühmte Venus des Praxiteles nur dem Nahmen nach; aber vermuthlich haſt du die Venus des Alkamenes zu Athen geſehen? — Oefters, war meine Antwort: allein, o! wie wenig iſt ſie mit dieſer zu vergleichen! oder vielmehr, wie unendlich iſt der Unterſchied zwiſchen dem was ich beym Anſchauen der einen und der andern erfahren habe? Jene, ſagte Theoklea, flößte dir wohl nur kalte ruhige Bewunderung ein; aber dieſe? — „Ein Gefühl, das meine Bruſt zu zerſprengen ſchien, das meine ganze Seele kaum zu ertragen vermochte. In jener ſah ich nur das Symbol der höchſten Schönheit; in dieſer erkannte und fühlte ich die gegenwärtige Göttin selbst." Bey allem dem, versetzte sie, muß ich dich erinnern gegen deine Phantasie auf der Huth zu seyn; sie arbeitet oft zur Unzeit der höhern Einwirkung entgegen, und weidet uns mit Schatten, da wir ohne ihre übermäßige Dienstfertigkeit das Wesen selbst haben könnten. Du glaubtest die Gegenwart der Göttin zu fühlen, und es war vielleicht bloße Täuschung. Das sicherste Mittel dich vor den Blendwerken der Einbildung zu verwahren, ist ihrer Geschäftigkeit Einhalt zu thun, und dich gänzlich den Empfindungen deines Herzens zu überlassen. Durch diese allein kannst du hoffen dir die Göttin günstig zu machen. Das Herz, nicht die Einbildungskraft, ist das Organ das ihrer Mittheilungen empfänglich ist. Nach diesen Worten verließ sie mich, damit ich mir diese Lection durch eigenes Nachdenken wahr machen könnte.

Um deine Geduld durch Erzählung des stufenweisen Wachsthums meiner erhabenen und vermuthlich beyspiellosen Leidenschaft nicht auf eine allzu große Probe zu stellen, will ich von dem Besuche, den ich in der folgenden Nacht im Tempel machte, nichts weiter sagen, als daß diesesmal die Art, wie das Anschauen der Göttin auf meine Sinnen wirkte, indem ich mich (nach dem Rathe der Tochter des Apollonius) den Empfindungen, die sie mir einflößte, gänzlich überlassen wollte — zuletzt so lebhaft wurde, daß sie mich erschreckte und gegen mich selbst mißtrauisch machte. Ich eilte in großer Unruhe aus dem Tempel hinweg, und beschloß, mich der Göttin nicht eher wieder zu nähern, bis ich durch die sorgfältigste Reinigung meiner Seele alles Sinnliche von meiner Liebe abgewaschen hätte, welche ganz rein und geistig seyn mußte, um mich der wirklichen Theophanie fähig zu machen, die das einzige Ziel meiner Wünsche war. Ich konnte nicht von mir erhalten, mit einer so heiligen Jungfrau, als Theoklea in meinen Augen war, von dieser Entschließung zu sprechen, weil ich mir keine Worte zu finden getraute, das was sie veranlaßt hatte zart genug auszudrücken, um keine unziemlichen Vorstellungen in ihr zu veranlassen. Sie konnte indessen leicht bemerken, daß es nicht ganz richtig mit mir stehen müsse: ich war unruhig, tiefsinnig, zerstreut, und suchte die Einsamkeit um meine Gemüthsverfassung vor ihr zu verbergen, ohne zu bedenken daß ich sie eben dadurch verrieth. Indessen that sie doch, als ob sie nichts davon gewahr würde, und vermied, nach dem Beyspiel das ich ihr gab, alles was mich zu einer Erklärung hätte nöthigen können. So ging der Tag vorüber, und in der nächsten Nacht hatte ich wirklich so viel Gewalt über mich selbst, mir das Anschauen meiner geliebten Göttin zu versagen, wiewohl ich mich mehr als zehnmal auf den Weg machte, und einmal schon bis an die äußere Pforte gekommen war.

Diese grausame Selbstpeinigung kostete mich eine schlaflose Nacht. Meine Unruhe wurde dadurch mehr vergrößert als vermindert, und ich sah am folgenden Tage so blaß und hohläugig aus, daß Theoklea sich nicht länger überheben konnte, Kenntniß davon zu nehmen. Was ist mit dir vorgegangen, Proteus? fragte sie mich: Wo

Wo ist deine vorige Heiterkeit und Ruhe? Woher diese Blässe deines Gesichts? dieses trübe Feuer in deinen Augen? Und warum besuchtest du gestern den Tempel nicht, sondern schweiftest die ganze Nacht durch im Hayn und in den Gärten umher? — Ich fand lange keine Antwort auf diese Fragen. Endlich bemühte ich mich, nicht ohne große Verlegenheit und vieles Stokken, in so behutsamen Ausdrücken als ich (mit Gefahr ein wenig unverständlich zu seyn) nur immer finden konnte, ihr die Bedenklichkeiten zu eröffnen, die mir die Pflicht auferlegt hätten, mich freywillig aus den Augen der Göttin zu verbannen. Sie schien mir mit Erstaunen in die Augen zu sehen, wiewohl sie mich mehr als zu wohl verstanden hatte. Sie schwieg eine gute Weile. Endlich nahm sie mich lächelnd bey der Hand und sagte:

Du bist ein wenig wunderlich, Proteus, und die Göttin ist nur zu gütig gegen dich. Steht es etwa nicht in ihrer Willkühr, durch welche Art von Einwirkung sie ihre Macht über dich beweisen will? Und wie sollten deine Sinnen allein bey den entzückenden Einströmungen ihrer Gegenwart unempfindlich bleiben, da sie sogar die leblose Natur mit Wonnegefühlen durchschüttert? Wie kannst du glauben, daß die Göttin etwas unmögliches und unnatürliches von dir fodern werde? — Ist die Liebe, die sie dir eingeflößt hat, nicht ihr eigenes Werk? Kann Liebe ohne Verlangen, Verlangen ohne Ausdruck seyn? Die reinste Liebe — Venus Urania kann keine andere erwecken! — veredelt und verfeinert die Sinne, erhöht und begeistert sie, aber vernichtet sie nicht.

Theoklea war, indem sie dieß sagte, lebhafter geworden als ich sie noch nie gesehen hatte: sie bemerkte dieß vielleicht in meinen Augen, und hielt auf einmal in. — Soll ich dir sagen (fuhr sie nach einer ziemlich langen Pause in einem ruhigern Tone und mit einem kaum merklichen ironischen Lächeln fort) soll ich dir sagen, was ich von deiner Liebe denke? Sie täuscht dich! oder vielmehr, du täuschest dich selbst mit einer Art von phantasierter Liebe, die du gleichsam durch Kunst und durch theurgische Mittel in dir erzwingen willst, weil du dich durch sie zu einer Stufe von Vollkommenheit emporzuschwingen hoffest, die deiner stolzen Eigenliebe schmeichelt. Wahre Liebe ist zu stark an ihren Gegenstand geheftet, zu tief in ihn versenkt, um so viel auf sich selbst Acht zu geben, und so behutsam und ängstlich über unbedeutende

Dinge zu seyn. Du bist vielleicht einer sich so rein und ganz hingebenden Liebe nicht fähig: aber, glaube mir, die Götter lassen sich mit weniger nicht abfinden; und wiewohl es möglich ist, durch ihre besondere Gunst zu jener Theilnehmung an Ihrer Macht zu gelangen, die das einzige Ziel deiner Wünsche scheint, so giebt es doch kein Mittel ihnen diese Gunst wider ihren Willen abzunöthigen.

Theoklea berührte mich durch diese Rede an einem sehr empfindlichen Theile; denn in der That war ich mir sehr wohl bewußt, mit den Absichten, die sie mir zuschrieb, zu ihr gekommen zu seyn: aber auf der andern Seite fühlte ich noch lebhafter, daß mir das Bild der Göttin eine Liebe eingehaucht hatte, die meine ganze Seele beschäftigte, und wovon das, was ich ehmals für Kallippen empfunden, kaum eine leise Ahndung genannt werden konnte. Da mich nun ihr Vorwurf von dieser Seite nicht traf, so antwortete ich ihr mit einer Zuverſicht, die ihr vermuthlich nicht unangenehm war: dießmal wäre wohl, wenn ich es sagen dürfte, Sie selbſt diejenige die sich irrte, wenn sie mich beschuldigte, daß meine Liebe bloßer Selbſtbetrug, oder gar eine heuchlerische Maske eigennütziger Abſichten sey. Ich erklärte mich so warm und lebhaft über diesen Punct, daß Theoklea genöthigt war, ihren Worten einen mildern Sinn zu geben, oder vielmehr zu behaupten, ich hätte den ihrigen nicht recht gefaßt. Dieser kleine Streit, der erſte und letzte den wir mit einander hatten, endigte sich in einer Aussöhnung, wodurch wir beſſere Freunde wurden als jemals, und brachte eine Lebhaftigkeit in die Unterhaltungen dieses Tages, die der Einförmigkeit unsrer Lebensart sehr zu Statten kam.

Meine Ungedulb die Göttin wieder zu sehen, gab den Vorstellungen, welche Theoklea meinen vielleicht allzu zärtlichen Bedenklichkeiten entgegengesetzt hatte, so viel Gewicht, daß ich das Ende eines Spaziergangs, wozu sie mich nach der Abendmahlzeit einlud, kaum erwarten konnte, wiewohl sie sichs so angelegen seyn ließ, mich angenehm zu unterhalten, daß sie nicht wohl befürchten konnte mir Langeweile zu machen. Es war schon ziemlich spät, als sie sich von mir beurlaubte, und ich eilte nun mit beflügelten Schritten dem Tempel zu. Nie hatten die Nachtigallen, die in großer Menge ein dichtes Gehölze zur Linken des Tempels bewohnten, sich so sehr beeifert meine Aufmerksamkeit auf ihre lieblichen Wettgesänge zu ziehen; aber nie war es ihnen weniger gelungen. Meine ganze Seele war bereits in meinen Augen. Ich verdoppelte meine Schritte, schloß die Pforten des Tempels hastig auf, und — stand auf einmal wie versteinert, da ich Amors Fackel ohne Feuer und den Tempel so dunkel fand, daß die geöffnete Thür nicht Licht genug einließ, um das Bild der Göttin unterscheiden zu können.

Unter tausend Zweifeln und Besorgnissen, die sich über diese unerwartete Begebenheit in meinem Gemüthe drängten, behielt endlich der Gedanke die Oberhand, daß die Göttin mich vielleicht auf die Probe stellen wolle, ob ich fähig sey, sie auch ohne Beyhülfe einer meine Sinne rührenden Gestalt eben so gegenwärtig zu denken, als ob sie in diesem Marmor vor meinen Augen stände. Aber wenn dieß ihre Absicht war, so ließ sie mir wenigstens nicht Zeit genug die Probe zu machen. Denn unversehens erfüllte den Tempel eine hellleuchtende Klarheit und ein leises Wehen der lieblichsten Rosendüfte; und statt der Bildsäule erblickte ich in einer helldunkeln Wolke, welche die ganze Vertiefung erfüllte, die Göttin selbst in lebendiger unaussprechlicher Schönheit und Glorie, zwischen ihren ewig jugendlichen Grazien, die, indem sie Hand in Hand wie in einem leichtschwebenden Tanze sich um sie her bewegten, von Augenblick zu Augenblick ihre himmlischen Reize bald umschleyerten, bald wieder sichtbar machten. Ich stand in Entzückung und Anbetung verloren, als die Göttin, mit einem Lächeln das den ganzen Tempel zu erheitern schien, einen Blick voll Huld und Majestät auf mich warf, und plötzlich wieder aus meinen Augen verschwand.

Lucian.

Freund Peregrin! — was willst du daß ich glauben soll?

Peregrin.

Daß ich dir nichts sage als was ich gesehen habe.

Lucian.

Gesehen nennst du es? Geträumt willst du sagen —

Peregrin.

Ich versichere dich, daß ich in diesem Augenblicke nicht mehr träume als damals.

Lucian.

Also doch wenigstens einer von den wachenden Träumen, wovon du vor-

hin sprachest, wo man in vorbey-
blitzenden Augenblicken sieht,
was nie kein besonnener Mensch, dessen
Vernunft und Einbildung im gehörigen
Gleichgewichte stehen, mit gesunden Augen
gesehen hat?

Peregrin.

Denke davon was du kannst, Lucian.

Lucian.

Bey allem dem müßten die geschworen-
sten Gegner aller Täuschungen, Demokritus und Epikurus selbst, gestehen, daß du in deinem Erdenleben mit
einer beneidenswürdigen Imagination aus-
gesteuert warst! — Aber wie lange dauerte
diese himmlische Erscheinung?

Peregrin.

Diese Frage, lieber Lucian, ist schwerer zu beantworten als du glaubst. Es

scheinungen dieser Art lassen sich mit keinem gewöhnlichen Zeitmaße messen; und wer, der mit einer solchen Vision beseligt wird, könnte daran denken ihre Dauer messen zu wollen, wenn es auch möglich wäre? Alles was ich dir davon sagen kann, ist, daß sie mir, als alles wieder verschwunden war, nur wenige Augenblicke gedauert zu haben schien, aber daß, meinem Gefühle nach, diese Augenblicke, gegen die zwanzig Jahre die ich bisher gelebt hatte, eine Ewigkeit gegen einen Augenblick waren.

Lucian.

Ich merke aus allen Umständen, daß du noch etwas im Rückhalt hast, das mir auf die eine oder andere Art aus dem Wunder helfen wird; denn Alles, was dir in dem Zauberhayne der wundervollen Toth-

ter des Apollonius begegnet ist, kannst du
doch nicht wohl geträumt haben.

Peregrin.

Wenigstens würde ich nicht so unmanierlich gewesen seyn, dich mit einem so langen Traume aufzuhalten. Aber ich fühle selbst, daß es Zeit ist, dir aus dem Wunder zu helfen, wie du es nennst, und wenn es auch nicht anders geschehen könnte, als indem ich dich in ein neues noch weit größeres werfe.

Lucian.

Du wirst mich sehr verbinden; denn ich muß gestehen, daß ich den Gemüthszustand, in den du mich hineingezaubert hast, nicht lang ertragen kann.

Peregrin.

Du glaubst mir wohl ohne Betheurung, daß Venus Urania nach dieser Erscheinung keinen feurigern Anbeter und inbrünstigern Liebhaber in der weiten Welt hatte als mich. Das ganze System meiner theurgischen Schwärmerey hatte durch diese offenbare Theophanie eine neue Stütze erhalten, und war in diesen wenigen Augenblicken so verdichtet und über allen Zweifel hinausgesetzt worden, daß ich nun das Wunderbarste und Unglaublichste zu ertragen fähig seyn mußte. So wie die wonnevolle Erscheinung verschwunden war, wurde mir auch der wieder verfinsterte Tempel zu enge. Ich eilte ins Freye, um meiner von Entzücken fast erstickten Brust Luft zu machen. Diese Nacht kam, natürlicher Weise, eben so wenig Schlaf in meine Augen als in der vorigen; aber die aufgehende Sonne überraschte mich, da ich sie noch weit entfernt glaubte. Theoklea erblickte mich als ich

vor ihrer Wohnung vorbeyging. Sie
war schon völlig angekleidet, kam zu mir
herab, und sagte: sie wäre so früh aufgestanden, weil sie nothwendiger Geschäfte
wegen in die Stadt reisen müßte: aber,
setzte sie mit Verwundrung hinzu, wie
kommt es, daß ich Dich zu einer solchen
Tageszeit schon so munter finde? Ich erzählte ihr, mit aller Redseligkeit eines Menschen, der kein dringenderes Bedürfniß
hatte als seinem zu vollen Herzen einige
Erleichterung zu verschaffen, was mir diese
Nacht im Tempel begegnet war. Ich
mußte es ihr mehr als Einmal mit allen
Umständen erzählen, bis ich sie von allen
Zweifeln geheilt sah, daß meine Phantasie
die Schöpferin dieser schönen Vision gewesen seyn könnte. Die Stärke meiner eignen Ueberzeugung nöthigte ihr endlich auch
die ihrige ab; sie freute sich meines Glückes,

und trennte sich nun, wie sie sagte, mit desto leichterem Herzen auf einige Tage von mir, da sie so gewiß seyn könnte, daß ich ihre Abwesenheit kaum gewahr werden würde. Ich sollte mich inzwischen als denjenigen ansehen, der in dem ganzen Bezirk des heiligen Hayns unumschränkt zu gebieten habe; alle, die von ihr abhingen, wären angewiesen, meine Winke eben so gehorsam wie die ihrigen zu befolgen; auch hätte sie dafür gesorgt, daß es mir an nichts fehlen würde, was ich nöthig haben oder wünschen könnte, ohne daß ich mich selbst deßwegen zu bekümmern brauchte. Nach diesen Worten umarmte sie mich mit der Vertraulichkeit einer alten Freundin, bestieg mit einer ihrer Nymphen und einem Diener einen leichten, mit zwey schneeweißen Pferden bespannten Wagen, und verschwand in kurzem aus meinen ihr nachfolgenden Blicken.

Die Entfernung der Tochter des Apollonius hätte mir nie weniger unangenehm seyn können, als in meiner damaligen Verfassung. Der ekstatische, oder wenn du willst nympholeptische Zustand, worein mich die Erscheinung der vergangenen Nacht versetzt hatte, machte mirs zum Bedürfniß, mir selbst und meinen Empfindungen überlassen zu werden. Doch, was sage ich mir selbst? da mein ganzes Selbst in jenes himmlische Gesicht übergegangen, und im Anschauen dieser hohen Theophanie, die noch immer in ätherischer Klarheit vor mir schwebte, verloren war. — Nichts äußeres um mich her, nichts — als Theokleens Gegenwart, konnte mich in dieser süßen Entzückung stören:

stören: denn sie würde mich unvermerkt verleitet haben, von dem Unaussprechlichen das mein ganzes Wesen ausfüllte zu sprechen; und wie wenig wäre das, was ich ihr von meiner Wonne hätte mittheilen können, gegen das gewesen, was mir selbst dadurch entgangen wäre?

Ich begab mich in den dunkelsten und stillsten Theil des Hayns, und es gingen einige Stunden hin, ehe die in meiner Einbildung noch immer fortdauernde Vision durch ein fast unmerkliches Ermatten des Lichts und der Farben so viel von ihrer ersten Lebhaftigkeit verlor, daß ich wieder zu mir selbst kam, mich wieder da sah wo ich war, mich mit einer Art von süßem Erstaunen fragte, ob ich es sey, dessen Augen mit dem unmittelbaren Anschauen der Göttin beseliget worden? und mir selbst diese Frage mit der Gewißheit des innigsten Gefühls beantwortete. Die Gedanken, die jetzt mit außerordentlicher Klarheit und Leichtigkeit in mir aufstiegen, waren nicht mehr Gedanken eines Sterblichen — mit meiner Liebe zu Venus Urania hatte sich bereits meine D ä m o n i s i e r u n g angefangen. Konnte ich noch zweifeln ob diese Liebe der Göttin angenehm sey? Sie hatte mir ja den stärksten Beweis davon gegeben — hatte sich herabgelassen, mir in der einzigen Art von Erscheinung, die meine Sinne ertragen konnten, in der Gestalt der höchsten weiblichen Schönheit, sichtbar zu werden. — Sollte sie bey dieser ersten Gunst stehen bleiben wollen? — Unfehlbar war diese Vision nur ein Pfand noch vollkommnerer Mittheilungen; mit jedem höheren Grade derselben, hoffte ich, würde sich meine eigene dämonische Natur mehr enthüllen — bis ich endlich von einer Stufe zur andern zum reinen unmittelbaren Anschauen Ihres Wesens, und zum vollen Genuß aller Vorrechte des Meinigen gelangen würde. — Welche Hoffnungen! Welche Aussichten! Wie ganz anders, versprach ich mir selbst, mir die Liebe der Göttin zu Nutze zu machen, als die Adonis und Endymionen der poetischen Fabel! Schon durchflog ich mit ihr in Gedanken das unermeßliche Weltall, durchschaute alle Geheimnisse der pythagorischen Zahlen, hörte die Harmonie der Sphären, und begriff den tiefsten Sinn aller Hieroglyphen der Natur. Nichts was ein Dämon wissen kann, war mir verborgen, nichts was er wirken kann, unmöglich. — Welche Wonne, welch ein Vorgefühl neuer Kräfte, neuer weit ausgebreiteter Thätigkeit, lag in diesem vergötternden Gedanken!

und nun ergoß sich auf einmal die ganze Gutmüthigkeit meines Herzens in ihn. Ein neuer Prometheus, bildete ich schon in meiner allvermögenden Phantasie das Menschengeschlecht zu gutartigen und glücklichen Geschöpfen um; alles Elend verschwand von der Erde; ich rief Asträen wieder vom Himmel zurück, stellte die Unschuld und Gleichheit des goldnen Alters wieder her, und beseligte es mit allem was Künste, Musen und Grazien zur Ausschmückung und Veredlung des menschlichen Lebens beytragen können.

Lucian.

Armer Ikarus! Wie hoch schwangst du dich auf deinen Wachsflügeln empor, und wie schmerzlich muß der Fall aus einer solchen Höhe gewesen seyn!

Erster Theil.

Peregrin.

Ahndest du schon meinen Fall, Lucian? — Ganz andre Ahnbungen schwellten damals meinen Busen! Auch nicht der kleinste Zweifel, nicht der leiseste Laut einer unglückweissagenden Vorempfindung, störte die Wonne meiner bezauberten Seele; und, wenn es wahr ist, daß kein wirklicher Genuß an das reicht was uns die Einbildung davon verspricht, so war dieser einsame Tag unstreitig der glücklichste meines Lebens.

Ich hatte inzwischen, ohne darauf Acht zu geben, den Ort mehr als einmal verändert, und befand mich in einer Laube des Rosenwäldchens, wo ich endlich in der heißesten Stunde des Tages unvermerkt eingeschlummert war, als ich beym Erwachen einen Tisch mit verschiedenen

Speisen und einer in Eis stehenden cryſtallnen Flasche Wein vor mir sah, ohne gewahr worden zu seyn wie er hieher gebracht worden. Sollteſt du es glauben? aller seiner hohen dämoniſchen Schwärmerey zu Trotz, fiel der bezauberte Liebhaber der Venus Urania mit der Eßluſt eines Epikuräers über die anziehend duftenden Schüſseln her, und ließ, wiewohl ſie für zwey mäßige Eſſer mehr als zureichend geweſen wären, nicht ſo viel übrig, daß ein Schooßhündchen davon hätte ſatt werden können.

Lucian.

Dieß iſt gerade was mich von allen Symptomen deines damaligen Fiebers am wenigſten befremdet. Wiewohl man zu glauben pflegt, bezauberte Perſonen bedürften weder Speiſe noch Trank, ſo bin ich doch überzeugt, daß bey der verliebten

Art von Bezauberung gerade das Gegentheil Statt findet, und daß von allen Arten der Liebe keine mehr Aufwand von Lebensgeistern verursacht, und also ihre öftere Ersetzung nothwendiger macht, als die platonische. Vielleicht, da doch die Quelle der Ahndungen an diesem Tage so reichlich bey dir floß, war diese außerordentliche Eßlust auch eine geheime Ahndung, daß du zu den neuen vermuthlich nahe bevorstehenden Mittheilungen der Göttin einer solchen Vorbereitung besonders nöthig haben könntest.

Peregrin
lächelnd.

Wie dem auch gewesen seyn mag, so zweifle ich nicht, daß Hippokrates oder Galenus diese Begebenheit sehr natürlich gefunden haben würden. Was ich die übrigens für gewiß sagen kann, ist, daß die Schüsseln leer waren bevor ich ein Wort davon wußte, und daß die erhabenen Träume meiner Phantasie sehr wenig durch dieses animalische Geschäfte unterbrochen wurden. Wirklich habe ich in spätern Zeiten oft die Bemerkung gemacht, daß Seele und Leib bey der Art von Menschen, unter denen ich damals keiner der geringsten war, eine ganz eigene Wirthschaft zusammen führen. Bald treibt jedes seine Geschäfte für sich, ohne von dem andern die mindeste Kenntniß zu nehmen; bald vertauschen sie unvermerkt ihre Rollen mit einander; bald leben sie in offenbarer Fehde, und ehe man sichs versieht sind sie wieder so warme Freunde, daß nichts in der Welt ist was sie nicht für einander zu thun oder zu leiden bereit wären. — Doch vergieb, daß ich dich mit Bemerkungen aufhalte, die du nicht nöthig hast, da ich dir meine Geschichte versprochen habe, und in der That einer seltsamen Auflösung der Räthsel nahe bin, womit ich dir eine Weile her den Kopf warm zu machen genöthigt war.

Ob es bloß eine Folge der natürlichen Veränderlichkeit der menschlichen Seele war, die sich nicht lange in einer und eben derselben Stimmung erhalten kann, oder ob die beträchtliche Verstärkung, die der Strom meiner Lebensgeister vor kurzem erhalten hatte, das ihrige dazu beytrug — gewiß ist, daß die halcyonische Stille, die während der ersten Hälfte des Tages mein Gemüth, wie ein heitrer wolkenloser Himmel die Erde unter ihm, umgeben hatte, sich in der andern Hälfte unvermerkt verlor. Ein geheimer Drang, ein unruhiges Sehnen, das mit jeder Stunde des sich neigenden Tages zunahm, trieb mich hin und her, und ließ mich nirgends lange verweilen. Das Bild der Erscheinung, die ich in der letzten Nacht gehabt hatte, stand wieder mit neuer Lebhaftigkeit und mit neuen unbeschreiblichen Reitzen vor meiner Stirne. Aber das ätherische Licht, worin es mir diesen Morgen vorschwebte, war nicht mehr; ich sahe die Göttin in einer Beleuchtung, die ihre Schönheit mehr zu verkörpern, ihren Reitzungen einen Zauber zu geben schien, dessen Gewalt ich noch nie so lebhaft gefühlt hatte. Das Verlangen sie wieder zu sehen wurde immer feuriger, immer ungeduldiger — oft breiteten sich meine Arme unfreywillig aus, sie zu umfangen; ich sprach mit ihr, sagte ihr alles was die höchste Schwärmerey der ersten Liebe dem

Liebhaber einer Göttin eingeben kann, schweifte im ganzen Hayn umher, und befand mich immer unvorsetzlich vor der Thür des Tempels, und je näher die Sonne ihrem Niedergang kam, desto länger wurde mir jede Minute, die sie noch über dem Horizont verweilte. Eine geheime Ahndung, die im Grunde wohl nichts anders war als das instinctmäßige Harren dessen was wir sehnlich wünschen, hieß mich von dem Besuche, den ich diese Nacht wieder in dem Tempel machen wollte, irgend eine neue noch größere Gunst der Göttin hoffen. In jener ersten Erscheinung hatte sie bloß den Versuch gemacht, wie viel meine Sinnen von ihrer Gegenwart ertragen könnten; vielleicht, dachte ich, läßt sie sich dießmal länger, vielleicht in einem noch mildern Glanze sehen; vielleicht nähert sie sich mir, würdigt mich einer Anrede, läßt mich aus ihren eigenen göttlichen Lippen hören, was ich thun muß um unmittelbarerer vollkommnerer Mittheilungen würdig zu werden. Wahr ist's, daß ich mir von diesen Mittheilungen nur sehr dunkle, oder, besser zu reden, gar keine Vorstellungen machen konnte: aber die Wirkung dieses dunkeln Vorgefühls auf mein Gemüth war nur desto gewaltiger, und mein Wesen erlag beynahe unter der unnennbaren Wonne des Gedankens — von Venus Urania geliebt zu seyn — so wie mir in der That die Sprache zu gebrechen anfängt, da ich dir mit einiger Wahrheit schildern möchte, was in diesem sonderbaren Zustande mit mir vorging.

Lucian.

Es ist freylich schwer von unnennbaren Dingen zu sprechen, und von außerordentlichen Gefühlen einem andern, der in seinem Leben nichts außerordentliches gefühlt hat, einen Begriff zu geben. Ich entbinde dich also eines vergeblichen Versuchs um so lieber, da du mir bereits genug gesagt hast, um sehr deutlich zu sehen, daß du, mit aller möglichen Bestrebung, dem Blinden, den du vor dir hast, keinen anschaulichern Begriff von den Farben der unsichtbaren Gegenstände, die du ihm schilderst, mittheilen könntest.

Peregrin.

Ich verstehe den Wink, und werde in meiner nächsten Beschreibung wo nicht so deutlich, doch wenigstens so kurz als möglich, seyn.

Die Sonne war nicht lange untergegangen, als ich mich, nach den gewöhnlichen Vorbereitungen, auf den Weg zum Tempel machte: aber so groß meine Ungeduld nach diesem Augenblick gewesen war, so befiel mich doch, da ich unter den Säulengang trat und im Begriff war den Schlüssel in die Pforte zu stecken, ein so wunderbares Schaudern, daß ich wieder umkehren, und den langen Gang von Pomeranzenbäumen zwey, oder dreymal hin und hergehen mußte, bis ich Muth genug gefaßt hatte, die Pforte aufzuschließen. Ich befand das Innerste des Tempels nur schwach beleuchtet, ohne zu sehen wo das Licht herkam; der Amor mit der Fackel fehlte, und die tiefe bogenförmige Blende, wo das Bild der Göttin zu stehen pflegte, war mit einem purpurnen Vorhang bedeckt. Mit hochschlagendem Herzen stand ich in ehrfurchtsvoller Entfernung, die Augen auf den Vorhang geheftet, als er von zwey eben so schnell erscheinenden als verschwindenden Liebesgöttern plötzlich aufgezogen wurde, und die Göttin in ihrer gewöhnlichen Stellung meinen entzückten Augen zeigte. Der einzige Unterschied war, daß sie nicht auf ihrem gewöhnlichen Fußgestelle, sondern auf einer kleinen, mit einem purpurnen Teppich belegten Erhöhung stand, zu welcher man auf zwey niedrigen Stufen emporstieg. Während ich dieses Ideal der höchsten Schönheit mit einer Liebe und einem Verlangen, als ob ich es mit meinen Augen einsaugen wollte, betrachtete, schien mirs, die Statue belebe sich unvermerkt unter meinen Blicken; ihre Augen funkelten von einem überirdischen Lichte, ihr Busen schien sich zu heben, und eine liebliche Röthe alle Lilien ihrer nach dem schönsten Ebenmaße gebauten Glieder in Rosen zu verwandeln

Du wirst mir gerne glauben, daß mein Gefühl bey dieser Erscheinung — mochte sie nun Täuschung oder Wahrheit seyn — alle Beschreibung zu Schanden machen würde. Von einem unwiderstehlichen Zug überwältigt wagte ich es endlich, mich ihr mit zögernden Schritten zu nähern; ein unbeschreiblich süßer Blick schien mich dazu einzuladen, und in eben dem Augenblicke, da ich meinen unfreywillig sich öffnenden Armen nicht länger gebieten konnte, breiteten sich die ihrigen gegen mich aus. Ich flog ihr entgegen, schlang jeden glühenden Arm um ihren Leib, fühlte ihren elastischen Busen den meinigen umwallen; dieses göttliche Feuer, das die ganze Natur beseelt, blitzte und strömte aus ihr mit einer Wollust, die ich nicht ertragen konnte, in mein ganzes Wesen über, alle meine Sinne taumelten, alle Bande meines

Kör-

Körpers lösten sich auf, meine Augen erloschen, und ich verlor alles Gefühl meiner selbst.

Lucian.

Eine seltsame Geschichte! — und im Grunde doch die gemeinste von der Welt. Wie viel bey diesen Dingen auf die vorhergehenden und begleitenden Umstände, und vornehmlich auf die Beschaffenheit und Stimmung des Subjects ankommt! — Ich muß gestehen, Peregrin, du warst ein glücklicher Erdensohn; und wäre deine Verbrennung zu Harpine die einzige Bedingung gewesen, unter welcher das Schicksal dir erlaubt hätte solche Erfahrungen zu machen, du hättest sie wahrlich nicht zu theuer bezahlt! Wenn die Sterblichen eines Genusses fähig sind, der ihnen das Gefühl sich zu vergöttern giebt, so ist es das, was Du in diesen Augenblicken erfuhrst.

Peregrin.

Die Vergötternng, lieber Lucian, erfolgte erst, als sich der Todte, ohne zu wissen wie ihm geschah, auf einem zugleich äußerst weichen und elastischen Ruhebette — in den Armen der Göttin wieder fand. — Aber über diese Mysterien ver sie gelt (mit der Hohenpriesterin Theoklea zu reden) das heilige Schweigen meine Lippen. Alles was ich dir schuldig zu seyn glaube, ist, dich nicht länger in der Ungewißheit zu lassen, wer diese irdische Venus Urania war, die den unbedeutenden Sohn eines Bürgers von Parium, mit einem solchen Aufwand von wunderbaren Anstalten und theurgischen Vorbereitungen, zu ihrem Adonis zu machen würdigte. Ohne Zweifel mußt du schon selbst gefunden haben, daß dein Verdacht irre ging, da er auf die ehrwürdige Tochter des Apollonius fiel. Wäre die Priesterin und die Göttin nur Eine und eben dieselbe Person gewesen, so müßte ich den Betrug sowohl bey der ersten Theophanie, da sie mir mit ihren Grazien in der Wolke erschien, als jetzt, da ihre Bildsäule sich so unverhofft für mich belebte, nothwendig entdeckt haben, und sie hätte sich also dieser Mittel zu meiner Bezauberung nicht bedienen können. Denn, wiewohl Theoklea, den Mangel der Jugend abgerechnet, eine schöne Frau genennt werden konnte, so sah sie doch der Bildsäule nicht gleich; hingegen war die Aehnlichkeit des Bildes mit der Göttin, die ich in den Wolken sah und in der Blende des Tempels umarmte, durchaus in allen Theilen, Formen und Zügen so vollkommen, daß das Leben allein den Unterschied zwischen dem einen und der andern machte.

Wisse also, Freund, daß der heilige Hayn, die Felsenwohnung der Theoklea, die Gärten um sie her, und der Tempel der Venus Urania — einen Theil eines großen Landgutes ausmachten, welches, nebst vielen ansehnlichen Ländereyen in Jonien, Karien, Lycien und auf der Insel Rhodus, das Eigenthum einer **eblen Römerin** war, die hier, im Mittelpunct ihrer Besitzungen und in der vollkommensten Unabhängigkeit, den Rest ihrer Jugend, und die Reichthümer die ihr ein betagter Gemahl hinterlassen hatte, nach einem eigenen, romantischen, aber (wie du gestehen wirst) nicht übel ausgedachten Plane zu genießen beschlossen hatte.

Sie nannte sich **Mamilia Quintilla,** und würde in den Zeiten eines Caligula, Claudius oder Nero durch ihre außerordentliche Schönheit sich eben so leicht zu dem Range der **Poppeen** und **Messalinen** erhoben haben, als es ihr unter der Regierung Hadrians leicht war — mit Aufopferung ihrer ersten Blüthe an einen alten römischen Ritter, der durch Handelschaft, Glück und Pachtung der Staatseinkünfte ganzer Provinzen in Asien, ein unermeßliches Vermögen zusammengebracht hatte — sich in wenig Jahren zur Erbin desselben zu machen.

Wenn die Dame Mamilia Quintilla den besagten Kaiserinnen außer der Schönheit, noch in einer andern Eigenschaft, die ihren Ruhm bey der Nachwelt mehr als zweydeutig gemacht hat, ähnlich war, so ist wenigstens nicht zu läugnen, daß sie einen so sinnreichen Geschmack in der Art, wie sie ihre Lieblingsleidenschaft befriedigte, und so viel Feinheit in der Wahl der Gegenstände, die sie dazu vonnöthen hatte, zeigte, daß es nicht gerecht wäre, sie mit jenen übelberüchtigten Au g u st e n, und andern Römerinnen ihrer zahlreichen Classe, in eben dieselbe Linie zu stellen. Ihre Phantasie hatte, wie die meinige, in früher Jugend einen gewissen dichterischen Schwung bekommen; und da sie vermuthlich von den Parasiten ihres alten Tithons oft genug mit der Göttin von Cythere verglichen worden war: so mochte ihr, wie sie sich mit zwanzig Jahren, in der Fülle des Lebens und der Schönheit, frey und im Stande sah jeder ihrer Neigungen und Phantasien ein Genüge zu thun, der Gedanke leicht genug gekommen seyn, sich einiger Vorrechte dieser Göttin anzumaßen, und die Freuden, die sie zu empfangen und zu geben gleich geschickt und geneigt war, einer gewissen idealischen Vollkommenheit so nahe zu bringen, als es einer Sterblichen nur immer möglich seyn könnte. In dieser Absicht hatte sie ihre Villa zu einem wahren Zauberpalast, und den weitläufigen Bezirk, der zu derselben gehörte, zu lauter Paphischen Haynen und zu einem zweyten Daphne umgeschaffen. Die prächtigen Gebäude, woraus die Villa bestand, waren mit einer unendlichen Menge wunderschöner Knaben zwischen acht und zwölf Jahren, und reitzender Mädchen zwischen zwölf und sechzehn angefüllt, die sie aus allen Provinzen des römischen Reichs mit der eigensinnigsten Auswahl hatte zusammenkaufen lassen. Kein Fürst konnte sich rühmen, schönere Stimmen und Instrumente, vollkommnere Tänzerinnen, bessere Köche, und geschicktere Künstler von allen Gattungen die dem Vergnügen und dem Luxus dienen, in seinen Diensten zu haben als die schöne Mamilia; und sie hatte sich der letztern so gut zu bedienen gewußt, daß ihr Palast und ihre Gärten eben so vielen künstlichen Scenen glichen, wo alles zu jedem Schauspiel, jeder Theaterveränderung, die zu ihrer Absicht nöthig seyn konnten, eingerichtet und vorbereitet war. Und wie es von Zeit zu Zeit solche Günstlinge der Glücksgöttin giebt, zu deren Vortheil alle Zufälle sich mit einander verabredet zu haben scheinen: so mußte es sich fügen, daß auch diese Römerin, deren Einbildung auf einen so romantischen Lebensgenuß gestimmt war, die einzige Griechin antraf, die ganz dazu gemacht war, ihr zu Ausführung ihrer feinsten und sonderbarsten Ideen behülflich zu seyn.

Doch, ich will mir nicht länger selbst durch eine nähere Erklärung zuvor eilen, die noch zeitig genug an ihrem rechten Orte kommen wird. In den Augenblicken, wo die Erzählung meiner Abenteuer stehen geblieben ist, war ich noch unendlich weit von dem leisesten Argwohn entfernt, daß ich in allem dem Außerordentlichen, was mir seit einigen Tagen begegnete, nur das Spielzeug einer phantastisch-wollüstigen jungen Römerin und einer — alternden griechischen Schauspielerin seyn könnte. Jeder andere, der nicht so ganz unerfahren in den Angelegenheiten der Göttin von Cythere gewesen wäre als ich, würde durch diese Entwicklung des Lustspiels auf einmal ins Klare gekommen seyn: bey mir hingegen stieg gerade durch das, was jedem andern die Augen geöffnet hätte, die Täuschung auf den höchsten Grad. So glücklich als ich in den Armen der schönen Mamilia war, konnte, meinem Gefühle nach, nur die Göttin der Liebe machen, und nur ein Halbgott konnte unter solchem Uebermaß von Wonne nicht erliegen. Wirklich wandte die schlaue Römerin alles an, mich nicht einen Augenblick aus dieser Berauschung aller Sinne zu mir selbst kommen zu lassen; und die Leichtigkeit, womit es ihr gelang, schien etwas so neues für sie zu seyn, daß sie (ohne einige täuschende Künste von meiner Seite) endlich selbst versucht war, mich für etwas mehr als einen Sterblichen zu halten.

Indeſſen, da ſogar die Götter von Zeit zu Zeit nöthig haben, der unverlöſchbaren Flamme ihrer ewigen Jugend etwas Nektar und Ambroſia zuzugießen, ſo erſchienen, vermuthlich auf irgend ein geheimes Zeichen, plötzlich eben die drey lieblichen Mädchen, die bey ihrer erſten Theophanie die Grazien vorgeſtellt hatten, und boten uns auf goldenen Schalen und in zierlichen Gefäßen von geſchliffenem Cryſtall, Erfriſchungen, die einen bey großer Frugalität auferzogenen Bürger von Parium ohne Anſtrengung ſeiner Phantaſie in dem Wahn erhalten helfen konnten, daß er in die Wohnung der Liebesgöttin verſetzt ſey. Die Grazien ließen uns wieder allein, und — kurz, Freund Lucian, als ich nach einem kleinen Schlummer wieder erwachte, war der Tag angebrochen, die Göttin verſchwunden, und ich befand mich, ohne zu wissen wie, von einem Gewimmel kleiner Amoretten umschwärmt, in einem lauen Bade, dem vermuthlich einige Tropfen Rosenöhl den ambrosischen Wohlgeruch mittheilten, der auch hier nicht fehlte, sich mit so vielen andern Umständen zu vereinigen, um meine Sinnen in immerwährender Trunkenheit und Täuschung zu erhalten.

Lucian.

In der That scheint die Circe, in deren Schlingen du gefallen warst, an Alles gedacht zu haben.

Peregrin.

Nachdem ich das Bad verlassen hatte, und in einem daran stoßenden kleinen Gemache mit einer sehr zierlichen Kleidung von Fuß auf angethan worden war, öffnete sich eine Thür, und ich befand mich in einem großen Parterre, in welches Flora alle ihre schönen Kinder zum Vergnügen der Göttin der Liebe versammelt hatte. Eine Menge kleiner Zephyre, die unter den Blumen umherschwärmten, hüpften mir mit Kränzen und Sträußern entgegen, und führten mich, in tausend lieblichen Gruppierungen vor mir hergaukelnd, durch einen kleinen Wald von immer blühenden Citronenbäumen, auf eine sanft emporsteigende Anhöhe, wo ein prächtiger doppelter Säulengang sich um einen großen Platz herumzog, in dessen Mitte ein Brunnen, mit Gruppen von vergoldetem Erzte geziert, das schönste Wasser in ein geräumiges Becken von Jaspis ausströmte. Ich folgte meinen kleinen Führern in einem Zustande von Begeisterung, den du dir eher einbilden kannst, als ich ihn beschreiben könnte. In meinem Leben hatt' ich mich nie so leicht gefühlt; mir war als ob ich mit schärfern Augen sähe und mit feinern Ohren hörte, oder vielmehr als ob ich jetzt erst zu leben anfinge, und mit jedem Augenblick ein neuer Sinn, eine neue Quelle geistiger Gefühle sich in mir aufthäte.

Lucian.

Eine sehr natürliche Folge der unmittelbaren Mittheilungen der Liebesgöttin bey einem zwanzigjährigen Neuling in ihren Mysterien, der durch sein ganzes bisheriges Leben, und vornehmlich durch die guten Dienste einer Tochter des Apollonius, vorbereitet war, auf eine so angenehme Art mit der Wahrheit selbst getäuscht zu werden!

Peregrin.

Im Grunde des Platzes erhob sich zwischen den zwey großen Bogen, die der Säu-

Erster Theil.

lengang zu beyden Seiten machte, ein Pavilljon von phrygischem Marmor, aus dessen weit offner Pforte mir zwey Chöre junger Nymphen singend und tanzend entgegen kamen, die mich in diesem Palast, als meiner künftigen Wohnung, willkommen hießen, und das Glück des neuen Adonis priesen. Sie entschlüpften mir wieder aus den Augen, und ganze Schwärme neuer Amorinen und Zephyretten hüpften von allen Seiten herbey, um mich in den schimmernden Marmorsälen und zierlichen Gemächern meiner neuen Wohnung herumzuführen, die mit dem reichsten und ausgesuchtesten, was alle der Wollust dienstbaren Künste zu Befriedigung des feinsten Geschmacks, der üppigsten Phantasie und der verwöhntesten Sinnlichkeit erfunden haben, bis zur Verschwendung angefüllt war. Aber weder das alles, noch die

Menge der schönen Gemählde, Bildsäulen und Hermen, womit die Galerie ausgeziert war, konnten mehr als einen flüchtigen Ueberblick von mir erhalten: meine Augen suchten überall nur die Göttin, und suchten sie vergebens. Der einsamste Busch, die dunkelste Höle, wo ich mich ungestört dem Anschauen ihres Bildes, das sich mir aus meiner eignen Seele entgegenspiegelte, und den süßen Erinnerungen, die keinem andern Gedanken in mir Raum gaben, überlassen konnte, wäre mir tausendmal lieber gewesen als alle diese Herrlichkeiten. Ich eilte also wieder in die Gärten, warf mich neben einer Quelle, die aus der Urne einer schönen marmornen Nymphe sprudelte, unter ein dichtes Gewölbe von hohen Bäumen und duftenden Gebüschen, und verlor mich im Gefühl meines Glückes, in einer Art von Entzückung, worüber

worüber vielleicht alle andere Bedürfnisse vergessen worden wären, wenn die Liebesgötter, die mir zugegeben waren, mich nicht zur gewöhnlichen Zeit zu mir selbst gebracht, und zu einer Tafel geführt hätten, die unter einem dichten Laubgewölbe für mich bereitet war. Die lieblichste Musik unterhielt mich, ohne daß ich sah woher sie kam, während ich meine durch die höchste Kunst des Komus gereitzte und befriedigte Eßlust stillte, und dauerte, sich unvermerkt entfernend, noch lange fort, nachdem die Tafel und die Amorinen wieder verschwunden waren. Endlich überschlich mich eine wollüstige Mattigkeit, und ich verschlummerte die heißen Stunden des Tages unter den geistigsten Träumen, die vermuthlich jemals ein aus den ersten Umarmungen seiner Göttin kommender Verliebter geträumt hat. Ich erwachte wieder um die Zeit, da die Sonne ungefähr noch den sechsten Theil ihrer täglichen Reise zu vollenden hat, und eilte mit aller Munterkeit und Ungeduld, die ein Vorrecht unverdorbener Jugend ist, meine angebetete Göttin so lange zu suchen bis sie sich finden ließe. Ein anmuthiger Schlangengang führte mich auf einem sanften Abhang unvermerkt in ein enges von buschichten Felsen umringtes Thal —.

Lucian.

— dessen Beschreibung ich dir erlasse, wie romantisch es auch ohne Zweifel gewesen seyn wird.

Peregrin.

Daran thust du mir einen großen Gefallen, lieber Lucian; denn in der That sah ich von allen seinen romantischen Schönheiten so viel als nichts, weil ein ganz anderes Schauspiel sich meiner Augen bemächtigte, und, hätte ich ihrer auch so viele gehabt als Argus, sie alle zugleich angezogen und beschäftigt haben würde. In eine der Felsenwände, die dieß liebliche Thal von jeder andern Seite als der, welcher ich hineingekommen war, unzugangbar machten, hatte die Kunst eine hohe und geräumige Grotte, und in dieser Grotte ein so schönes, heimliches und einladendes Bad erschaffen, als sich irgend eine Göttin zu ihrer Erfrischung in den glühenden Tagen des Sommers nur immer wünschen konnte. In einem Gebüsche von Rosen und Myrten, das die Grotte umgab, umherirrend, war ich ihr nahe genug gekommen, um durch ein leichtes Plätschern nach der Ursache desselben neugierig zu werden, und — wen anders als meine Göttin? in eben der Lage zu erblikken, worin eine nicht so gefällige Unsterbliche überrascht zu haben dem unglücklichen Actäon einst so übel bekam. Wiewohl ich nun, allem Ansehen nach, kein ähnliches Schicksal zu besorgen hatte, so hielt mich doch Ehrfurcht und Entzücken bey diesem unverhofften Anblick so gefesselt, daß ich mir kaum zu athmen getraute — aber glücklicher Weise war die Hecke dicht genug, daß ich sehen konnte ohne gesehen zu werden.

Lucian.

Man sollte denken, deine Augen müßten durch die Bildsäule, die der Göttin so ähnlich war, mit ihrer Gestalt schon so bekannt gewesen seyn —

Peregrin.

Bekannt? — Ja; aber, o! was für ganz andere Augen hatte mir die letzte Nacht

Erster Theil.

gegeben! Welch ein Unterschied! Nicht geringer, als ob einer in ein Buch schaute dessen Charakteren ihm unbekannt wären, oder ob er die Sprache und Zeichen verstünde, worin es geschrieben ist.

Lucian.

Du hast Recht, Peregrin! daran dachte ich nicht, und das macht doch in der That, selbst für einen so kalten Anschauer der Schönheit als ich und meines gleichen, einen großen Unterschied.

Peregrin.

Zudem vereinigten sich hier noch verschiedene kleine Umstände, die Schönheit der Göttin in ein Licht zu setzen, worin ich sie noch nie gesehen hatte. Die Grazien, die ich in immer abwechselnden Gruppierungen um sie her beschäftigt sah, waren bekleidet; zwar sehr leicht und nymphenhaft, aber doch genug, um mit allen ihren Reitzen eine Art von Schatten zu machen, der die unverhüllte Schönheit der Göttin desto mehr erhob; und überdies war die Zeit dieser neuen Theophanie so schlau gewählt worden, daß einige gebrochne Sonnenstralen zwischen den Felsenspitzen gerade in die gegenüber liegende Grotte fielen, und eine Glorie auf die badende Göttin warfen, die meine Bethörung hätte vollenden müssen, wenn noch etwas daran zu vollenden gewesen wäre.

Lucian.

Du glaubst also, daß auch diese Badescene absichtlich angelegt war?

Peregrin.

Ohne Zweifel; denn ich hatte (wiewohl ich damals nicht darauf merkte) immer den einen oder andern sichtbaren oder un-

Erster Theil.

ſichtbaren Amor neben mir, oder über mir, oder hinter mir, der auf alle meine Bewegungen Acht gab, und Kraft dieſer Vorſicht konnte Quintilla genau wiſſen, um welche Zeit ich ungefähr auf dem Spazirgang, den mir einer von ihnen gezeigt hatte, nicht weit von der Grotte anlangen würde.

Die Göttin wurde ihrer Rolle bälder müde als ihr Zuſchauer der ſeinigen; ſie verließ das Bad, meiner Rechnung nach ſehr bald, und nachdem ſie von ihren Grazien wieder angekleidet worden war, wurden plötzlich auf ein gegebenes Zeichen alle Gebüſche umher lebendig, und eine unzählige Menge junger Nymphen und kleiner Amorinen eilte herbey, ſie zurück zu begleiten. Ich entfernte mich ſo ſchnell ich konnte, und als ich eine Weile darauf von einer andern Seite gegen den Pavillon zurück ging, fiel mir mitten in einem dunkeln Myrtenwäldchen ein kleiner Tempel in die Augen, vor dessen halb offner Pforte ein Amor, mit dem Zeigefinger auf den Lippen, stand. Er winkte mir, öffnete die Pforte, schloß sie hinter mir zu, und ich befand mich in einem Augenblick zu den Füßen der Göttin, die in halbsitzender Lage auf einem thronförmigen Ruhebette meiner zu erwarten schien. Die Wollust selbst hatte dieses Gemach, wie zur Scene ihrer Siege, mit einem zauberischen Rosenlicht beleuchtet, dessen Quelle verborgen war; und ein Pausanias hätte etliche Blätter zu Beschreibung aller Wunder der Kunst, womit es ausgeziert war, verwenden können. Aber besorge nichts, Lucian; wiewohl das Ganze, auch bey einem unaufmerksamen Anblick, nothwendig eine wunderbare Wirkung that, so wurde ich doch nicht so viel von den Theilen gewahr, daß ich dir diese Wirkung begreiflich machen könnte; denn auch hier sah ich nur die Göttin.

Die in der letzten Nacht angefangene Einweihung in ihren Mysterien, wurde in dieser vollendet; aber da ihr der Zwang ihrer Gottheit endlich lästig werden mochte, so verwandelte sich Venus Urania unvermerkt in die leibhafte Mamilia Quintilla; und, wiewohl in dem süßen Taumel, worin sie ihren Adonis zu erhalten wußte, selbst das Uebermaß ihrer Gunsterweisungen die Täuschung eine Zeit lang beförderte, so kam doch endlich der Augenblick, wo die Erscheinung der Grazien eben so erwünscht als nothwendig war. Sie erschienen auch wie gestern, aber mit ihrer Ankunft lösete sich leider! der Zauber auf, der meine Vernunft seit einiger Zeit so seltsam gebunden hatte. Ein gewisses spöttelndes Lächeln, das ich in den Augen und Lippen derjenigen, die mir die Nektarschale anbot, überraschte, machte mich stutzen. Ich betrachtete sie mit einer mißtrauischen Aufmerksamkeit, heftete dann mit Bestürzung meine Augen auf die Göttin, und glaubte — o Himmel, welche Verwandlung! — in der Grazie nur eine Cypassis, und in der vermeynten Venus Urania nur eine sehr irdische Lais oder Phryne zu entdecken. — Die plötzliche Veränderung, die bey diesem Gedanken in mir vorging, war zu groß, um einer Kennerin wie Mamilia unbemerkt zu bleiben: aber ohne das geringste Zeichen von Verdruß darüber sehen zu lassen, sagte sie mit einem unbeschreiblich süßen Lächeln zu mir: Du bedarfst der Ruhe, mein Geliebter! — und, auf einen Wink, den sie ihren Mädchen zuwarf, hüllte sie sich in einen großen Schleyer ein, und verschwand mit ihnen aus meinen Augen.

Wie bedürftig ich auch, (nach dem Urtheil der schönen Mamilia) der Ruhe seyn mochte, so war doch in dem Zustande, worein mich meine so plötzliche — wiewohl freylich sehr natürliche — Entzauberung geworfen hatte, für diese Nacht an keine Ruhe mehr zu gedenken. Der Fall eines Phaeton, mit welchen Farben ihn auch ein Dichter ausmahlen könnte, gäbe nur ein schwaches Bild des Sturzes ab, den meine taumelnde Seele von der Spitze ihrer vergötternden Aussichten that, als der magische Nebel so auf einmal von meinen Augen niedersank. Keine Beschreibung könnte die Beschämung des betrognen Dämons und den Unwillen erreichen, worin er über sich selbst entbrannte, der Held einer lächerlichen Posse, das Spielzeug einer Bande leichtfertiger Weibsstücke gewesen zu seyn, die sich zusammen verschworen hatten, ihren Muthwillen mit seiner Unschuld und Aufrichtigkeit zu treiben.

Da meine Unerfahrenheit mich in diesem Augenblicke noch unwissend darüber ließ, wie vielen Antheil vor zwey Tagen der Ueberfluß meiner Lebensgeister an meiner Bezauberung, und nun meine Erschöpfung an der Auflösung derselben hatte: so war es bey einem Menschen von meiner Vorstellungsart nicht wohl anders möglich, als daß ich von einem Extrem ins andere fiel, mich selbst sowohl als die Gegenstände, denen meine Phantasie und mein Herz unwissender Weise eine idealische Vollkommenheit geliehen hatte, auf einmal tiefer als recht war herabwürdigte, und indem ich mir alles, was seit acht Tagen mit mir vorgegangen war, mit den kleinsten Umständen ins Gedächtniß zurückrief, nicht begreifen konnte, wie es möglich gewesen sey, daß ich die Kunst, womit Theoklea und die vorgegebene Göttin mir ihre Schlingen gelegt hatten, nicht viel früher gewahr geworden. Der Unmuth, womit mich diese Gedanken erfüllten, machte mir die Scene meiner Entgötterung unerträglich; ich floh in den entlegensten Theil des Waldes, der die Gärten umgab, warf mich unter einen Baum, und hatte schon einige Stunden in dieser von meiner vorigen Wonne so stark abstechenden Gemüthslage hingebracht, als eine Erscheinung, deren ich mich gerade am wenigsten versah, den Lauf meiner kränkenden Betrachtungen hemmte.

Es war die Tochter des Apollonius selbst, die mit der Ruhe und Unbefangenheit einer Person, welche keine Vorwürfe befürchtet weil sie keine verdient zu haben glaubt, auf mich zukam und mich anredete. Wie? sagte sie mit einer angenommenen Miene von Verwunderung, wie finde ich dich **hier**, Proteus? — Möchtest du mich nie gefunden haben! antwortete ich, mein Gesicht mit einem tiefen Seufzer von ihr wegwendend. — Ists möglich, versetzte sie schalkhaft lächelnd, daß Proteus, nach allem was seit unsrer Trennung mit ihm vorging, eines so undankbaren Wunsches fähig seyn kann? — „Undankbaren? — Und du kannst, nach dem schändlichen Betrug, den du mir gespielt haſt, noch Dank erwarten?" — Seltſamer Menſch! Wenn du das Betrug nenneſt, wo iſt der König, der ſich nicht glücklich ſchätzte ſo betrogen zu werden? Du biſt mir unbegreiflich, Proteus! — „Und du, Theoklea, oder wie du heißen magſt — denn warum ſollte nicht auch dein Nahme, wie alles andere an dir, falſch ſeyn? — kannſt du läugnen, daß die Venus, in deren Arme du mich betrogen haſt, eine —" Theoklea ließ mich nicht vollenden was ich ſelbſt nicht heraus zu ſagen vermochte: du biſt in einer Laune, fiel ſie ein, worin du nicht zu fühlen ſcheinſt, was dir zu ſagen, oder mir anzuhören geziemt — und mit dieſen Worten entfernte ſie ſich mit ihrer gewöhnlichen Majeſtät, und ließ mich in einem Zuſtande von Verwirrung und Unzufriedenheit über meine eigene Empfindun-

gen, den ich mir selbst nicht hätte erklären
können. Genug, es zeigte sich bald, daß
mein Unwille nicht lange gegen diese räth=
selhafte Frau aushalten konnte. Die Zu-
versicht mit der sie sich mir darstellte, ihr
Anblick selbst, der edle Anstand womit sie
dem Ausbruch meines Unmuths Einhalt
that, alles an ihr gebot mir eine unfreywillige Ehrerbietung, — und so wie sie
sich entfernte, wurden alle die wunderbaren und zauberischen Eindrücke wieder rege,
die sie von unsrer ersten Bekanntschaft an
auf mich gemacht hatte. Kurz, sie erhielt
unvermerkt ihre vorige Gewalt wieder,
und kaum hatte ich sie aus den Augen
verloren, als ich unter einer plötzlichen
Anwandlung von Reue über mein unge-
bührliches Betragen aufsprang, und ihr,
zwar nicht ohne innern Kampf, aber wie

von

Erster Theil.

von einer stärkern Kraft fortgezogen, nachzugehen anfing.

Es währte eine ziemliche Weile, bis ich sie wieder zu Gesichte bekam. Sie saß, mit einer Nadelarbeit auf ihrem Schooße, unter einer Laube des Myrtenwäldchens, und schien nicht zu bemerken daß ich ihr immer näher rückte. Nachdem ich in einiger Verlegenheit eine Zeit lang hin und her um die Laube wo sie saß, herumgegangen war, ohne daß sie sich nach mir umgesehen hätte, konnte ich mich nicht länger zurückhalten hinein zu treten, und mich stillschweigend ihr gegen über zu setzen. Sie schien meine Gegenwart noch immer nicht zu achten, und diese stumme Scene dauerte so lange bis ich zu seufzen anfing. War das nicht ein Seufzer, Proteus? sagte sie in einem scherzenden Tone: du bist in der That sehr zu bedauern, daß man dich wider deinen Willen dahin gebracht hat, ein schimärisches Glück gegen ein wirkliches, das alles was du dir jemals einbilden konntest übertrifft, zu vertauschen! — Ich glaube selbst, sagte ich, daß ich mich sehr glücklich finden würde, wenn ich so denken könnte, wie du es jetzt zu verlangen scheinst. — Glaubst du das? versetzte sie mit einem kleinen Naserümpfen. Aber, fuhr sie in dem ernsthaften Tone, den ich an ihr gewohnt war, fort, indem sie aufstand und auf den Pavilljon zuging, wir sind jetzt nicht aufgelegt, von einem so zarten Gegenstande zu sprechen. Die Gebieterin dieses Ortes, von deren Stand und Vermögen du dir aus allem was du hier siehest die richtigste Vorstellung machen kannst, ist durch unvermuthete Geschäfte nach Milet abgerufen worden, und hat mir aufgetragen, in ihrer Abwesenheit dafür zu sorgen, daß dir die Weile nicht lange werde. Wenn es dir nicht zuwider ist, wollen wir die Zeit bis zur Tafel mit Besehung der merkwürdigsten Dinge in dieser Villa hinbringen. Und hiermit nahm sie mich bey der Hand, führte mich in die Galerie, die ich zuvor nur flüchtig übersehen hatte, und zeigte mir, indem sie die mannigfaltigen Kunstwerke, welche Reichthum und Geschmack hier aufgehäuft hatten, mit mir betrachtete, so viele Kenntnisse in diesem Fache, und bey jeder Gelegenheit, die sich dazu anbot, so viel Weltkunde und Bekanntschaft mit allen merkwürdigen Personen der Zeiten Trajans und Hadrians, daß die Bewunderung, die sie mir einflößte, mit jeder Minute höher stieg; und alle Beschwerden, die ich gegen sie zu führen hatte, auf die Seite drängte. Kurz, Theoklea war so reich an Erfindung angenehmer Zerstreuungen, so unerschöpflich an Unterhaltung wenn wir uns allein befanden, und so aufmerksam jeden leeren Zwischenraum mit Musik, Tänzen, Pantomimen, oder den übrigen Künsten, die hier für Mamiliens Vergnügen beschäftigt waren, auszufüllen, daß mir die drey Tage, welche die Dame des Hauses abwesend war, wie einzelne Stunden vorbeygingen. Die Wolken die mein Gemüth umzogen hatten, zerstreuten sich, meine Einbildung klärte sich wieder auf; die tausendfachen zauberischen Eindrücke, welche Natur und Kunst auf alle meine Sinne machten, gewannen unvermerkt die Oberhand, und ehe der zweyte Tag vorüber war, befand ich mich wieder so lebendig und so hohen Muthes als jemals; mit dem einzigen Unterschiede, daß die Götternächte der Venus **Mamilia** einen Sinn, dessen geheime Foderungen mir so lange unverständlich geblieben waren, in eine Thätigkeit gesetzt hatten, die sich nicht so leicht beruhigen ließ, und sich nun des Einflusses und der Obermacht bemächtigte, in deren Besitz ehemals die **Phantasie** gewesen war. — Warum sollte ich dir, da ich doch einmal im Bekennen bin, nicht alle meine Verirrungen und Bethörungen gestehen? Zwey Tage Abwesenheit, die Ruhe einer einsamen Nacht, und der üppige Ueberfluß einer römischen Tafel hatten der schönen Mamilia in meiner Einbildung ihre ganze Gottheit wiedergegeben; ich sehnte mich nach ihrer Zurückkunft: aber sie war abwesend, und die Tochter des Apollonius war gegenwärtig. Ihre ehmalige priesterliche Feyerlichkeit war mit der Binde um ihre Stirne verschwunden;

sie hatte sich allmählich ihrer natürlichen Lebhaftigkeit überlassen, und so wie sie alle Reitze ihres Geistes vor mir entfaltete, schien sie sich auch nicht länger verbunden zu glauben, mir aus den eben so mannigfaltigen Reitzen ihrer Person länger ein Geheimniß zu machen. Nie waren vielleicht die Grazien einem Weibe holder gewesen als ihr, und in der Kunst, die Gunstbezeigungen der Natur mit Anstand in das vortheilhafteste Licht oder Helldunkel, und was der Zahn der Zeit etwa daran benagt haben mochte, in den vortheilhaftesten Schatten zu setzen, hatte sie schwerlich jemals ihres gleichen gehabt. Kurz, wiewohl sie die Hälfte ihrer Jahre hätte abgeben müssen um die Göttin der Jugend vorzustellen, so blieb ihr doch mehr als für einen Neophyten meiner Art nöthig war, um in einer dämmernden Rosenlaube oder in dem kleinen Tempel des Stillschweigens die Abwesenheit der Göttin Mamilia zu ersetzen.

Lucian.

Und sie machte sich vermuthlich eben so wenig Bedenken daraus, als der Neophyt sich machte diese Untreu an seiner Göttin zu begehen?

Peregrin.

Er glaubte Mamilien keine Treue schuldig zu seyn. Aber die erfahrne Theoklea kannte die Männer zu gut, um ihm den Sieg, den er über ihre Weisheit erhielt, nicht schwer genug zu machen, um den Werth dessen was sie für ihn that in seinen Augen zehnfach zu verdoppeln. Soll ich dir noch mehr sagen? So lächerlich es in unserm dermaligen Stande seyn mag, von den Spielzeugen und Kurzweilen unsrer ehmaligen Kindheit mit einem gewissen Wohlbehagen zu sprechen, so kann ich mich doch der Tochter des Apollonius nicht ohne das Vergnügen erinnern, welches den Gedanken, irgend etwas Schönes oder Gutes in seiner höchsten Vollkommenheit genossen zu haben, natürlicher Weise begleitet. Wie weit war die Römerin auch in diesem Stück unter der feiner organisierten, seelevollern, erfindungsreichern Griechin! Einer Griechin, die, von allen Musen und Grazien mit ihren Gaben überschüttet, einige Jahre lang, unter andern Nahmen, als Mimentänzerin die Augenlust und der angebetete Liebling der halben Welt gewesen war!

Lucian.

Du kannst dich nun verbrennen wenn du willst, Peregrin! Du hast gelebt, und in einer einzigen Woche auf der Villa Mamilia zu Halikarnaß des Lebens mehr genossen als Millionen Menschen in der ganzen Zeit ihres Daseyns.

Peregrin.

Gut! aber ehe wir zu jenem letzten und höchsten Lebensgenuß, zu meinem Verbrennen kommen, Lucian, wirst du wohl noch einige Scenen meines Lebens-Mimus, (wie es Cäsar Augustus nannte) anhören müssen, die zu Vorbereitung dieses letzten Auftritts nothwendig waren.

Lucian.

Für jetzt bin ich nur begierig zu sehen, wie du dich aus den Händen zweyer so gefährlichen Personen, als deine Venus Mamilia und ihre Priesterin zu seyn scheinen, retten wirst.

Peregrin.

Wiewohl Theoklea die priesterliche Maske mit der Gleichgültigkeit einer Schauspielerin, die ihre Theaterkleidung von sich wirft, abgelegt hatte, so war sie doch viel zu schlau, meinen Enthusiasmus, durch dessen magische Wirkung sie Vortheile, die ihr nicht gleichgültig zu seyn schienen, über mich gewonnen hatte, geradezu bestreiten zu wollen: sie suchte ihm nur eine andere Richtung zu geben, und unvermerkt den Gedanken in mir zu veranlassen, daß es keine andere Göttinnen gebe als liebenswürdige Weiber, und keine höhere Magie als den Zauber ihrer Reitzungen und des Instincts der uns zu ihnen zieht; und diesem Plan zu Folge fand sie für gut, mir in einer vertraulichen Stunde den Schlüssel zu dem ganzen Zauberspiele zu geben, dessen Held ich ohne es zu merken gewesen war.

Nachdem sie mir von Mamiliens Person und Charakter, und von ihrer eigenen Verbindung mit dieser Römerin, so viel als ich (ihrer Meynung nach) zu wissen brauchte, entdeckt hatte, sagte sie mir: diese Dame werde durch gewisse Kundschafter, welche sie zu Halikarnaß und an verschiedenen noch entferntern Orten halte, so gut bedient, daß sie schon am ersten Tage meiner Ankunft eine ziemlich genaue Beschreibung meiner Person erhalten habe. Da ihre Aufmerksamkeit dadurch nicht wenig gereizt worden sey, habe sie nicht nur alle meine Schritte aufs genaueste beobachten lassen, sondern auch bald Mittel gefunden, aus meinem alten Diener (einem arglosen und kurzsinnigen Phrygier) so viel von meinen Lebensumständen auszufischen, daß der Anschlag, sich meiner auf die eine oder andere Art zu bemächtigen, schon vor dem Empfang meines seltsamen Briefes an die göttliche Theoklea eine beschlossene Sache gewesen sey. Dieser Brief, (sagte Theoklea) indem er die schöne Römerin mit einem Charakter bekannt machte, der allen möglichen Reitz der Neuheit und des Wunderbaren für sie hatte, trieb ihre Vorstellung von der Wichtigkeit der Eroberung, die Ihr der Zufall so unverhofft anbot, auf den höchsten Grad, und zeigte zugleich den einzig möglichen Weg, auf welchem sie zu machen war. Wie viel Dank wurde dem Unbekannten gesagt, der vor vielen hundert Jahren einen Theil der Waldungen, die zu Mamiliens Halikarnassischen Gütern gehörten, der Venus Urania geheiligt hatte! und wie glücklich prieß man sich, daß man den Einfall gehabt hatte, der Göttin, statt ihres alten in Ruinen gefallnen Capellchens, den schönen marmornen Tempel aufzuführen, und ihn mit den Hauptgebäuden der Villa, besonders mit demjenigen, welches zu theatralischen Vorstellungen eingerichtet war, in unmittelbare Verbindung zu bringen! Der Plan und die Ausführung gab sich nun von selbst, und die wenigen Tage, die du in dem heiligen Hayne und bey mir in meiner Felsenwohnung zubrachtest, waren völlig hinreichend, die zu unserem Zauberspiele nöthigen Maschinen in Bereitschaft zu setzen.

Du begreifst nun, fuhr Theoklea fort, wie natürlich es zuging, daß du auf deinen Brief ohne Nahmen eine Antwort mit der Aufschrift, an Peregrinus Proteus von Parium, auf deinem Schooße fandeſt, als du im Hayn aus einem Schlafe erwachteſt, der, ohne daß du es merkteſt, ſehr genau beobachtet worden war. Mamilia, die vor Ungeduld brannte den wunderbaren Jüngling ſelbſt in Augenſchein zu nehmen, hatte ihn mit eigner Hand auf deinen Schooß gelegt. Der ſchlafende Endymion kann ſchwerlich ſeine Göttin ſtärker bezaubert haben als du die deinige, da ſie dich, wie in einem ſüßen Traume, in der ſchönſten Beleuchtung des durch einige Zweige gebrochnen Mondlichtes, vor ſich liegen ſah. Du wirſt mir, da du die Lebhaftigkeit dieſer feurigen Römerin nun kenneſt, gerne glauben, daß ich alle Mühe von der Welt hatte, ſie wieder wegzubringen, ehe ſie ſich, durch den Kuß den ſie dir geben wollte, in Gefahr ſetzte; den ſchlummernden Träumer zur Unzeit aufzuwecken. Mir kostete diese Scene meinen Schlaf; denn ich mußte den ganzen Rest der Nacht an Mamiliens Bette zubringen, um die Ergießungen ihrer Leidenschaft anzuhören, und ihre Ungeduld durch die Beschreibung aller Maschinen, die zu ihrem Vortheile zusammen spielen sollten, einzuschläfern. Wir konnten nicht zweifeln, daß die bloße Versetzung in einen so romantischen, mit lauter schönen Gegenständen angefüllten Ort, verbunden mit dem Schein des Wunderbaren, den alles von sich werfen sollte, auf einen Neuling, den seine eigene Schwärmerey und die ihm unbewußte Magie des noch mit seiner ganzen Stärke wirkenden Naturtriebes so ganz wehrlos in unsre Hände lieferte, schon sehr viel zu Beförderung unsers Anschlages thun würde. Aber das Meiste kam doch auf den ersten Ein-

druck an, den die Tochter des Apollonius bey der ersten Zusammenkunft auf deine Sinnen machen sollte; und daher wurden auch (wie du dich erinnern wirst) alle Umstände so gewählt und verbunden, daß sie die verlangte Wirkung thun mußten, und daß keiner hätte fehlen dürfen, ohne dieser etwas von ihrer Stärke zu benehmen. Alles mußte mit deinen enthusiastischen Ideen zusammenklingen, alles mußte sie wahr machen und immer höher spannen, alles in deinen Augen ungewöhnlich und wunderbar seyn und dir doch natürlich vorkommen, alles übereinstimmen deine Vernunft vollends zu betäuben, und deine bezauberte Seele mit ungewissen Erwartungen, neuen entzückenden Gefühlen, und dumpfer Ahndung der hohen Mysterien, die der Gegenstand deiner Wünsche waren, anzufüllen. Bey
einem

einem so arglosen, so unerfahrnen, so schwärmerischen Jüngling war wenig zu besorgen, daß er das Maschinenspiel, wodurch er gefangen werden sollte, so leicht entdecken würde: aber du wirst dich nun auch hinten nach erinnern, wie sorgfältig alles darauf angelegt war, dir eine solche Entdeckung unmöglich zu machen. Unsere Nymphen und Amoretten, die gewandtesten Geschöpfe von der Welt, waren jedes zu seiner Rolle aufs beste abgerichtet. Die Beschaffenheit des Ortes, und die Art, wie die Gärten der Villa von dem geheiligten Hayn und dem Bezirke, der die Felsenwohnung umgiebt, abgesondert sind, ließ dich nicht ahnden, daß eine solche Villa in der Nähe sey. Wiewohl der hintere Theil des Tempels, der dem Anschein nach an einen Felsen angelehnt ist, unmittelbar mit derselben zusammenhängt, so war diese Verbindung doch durch die dichten Gebüsche und hohen Bäume, die den Tempel umgeben, so gut versteckt, daß sie ohne eine sehr genaue Untersuchung schwerlich entdeckt werden konnte; und sowohl damit du hierzu keine Gelegenheit finden möchtest, als um die gute Wirkung der Theophanien, womit wir dich beglücken wollten, zu befördern, wurde dir gleich anfangs zum Gesetz gemacht, daß der Tempel nur nach Sonnenuntergang besucht werden dürfte. Die Bildsäule der Göttin war schon lange zuvor nach dem Modell der schönen Mamilia verfertigt worden, und eine jede andere, wäre es auch die Knidische selbst gewesen, würde zu unserer Absicht nichts getaugt haben. Ohne Zweifel wäre diese Absicht eben so wenig erreicht worden, wenn sie dir bey Taglicht und an einem andern Orte, als das Bild irgend einer schönen Römerin, gezeigt worden wäre. Aber nachdem die Idee der Göttin in deiner Phantasie nun einmal mit diesem Bilde zusammengeschmolzen war, und Mamilia, sogar im Marmor, schon beym zweyten Besuche deine Sinnen so stark beunruhiget hatte: so durften wir es wagen, sie dir mit ihren Grazien in eigener leibhafter Gestalt, wiewohl in Wolken und in einem übernatürlich scheinenden Lichte, erscheinen zu lassen, und konnten um so gewisser seyn, daß die abgezielte Täuschung bey dir erfolgen, und daß du selbst den Taumel deiner Sinne für eine natürliche Folge der vermeynten Theophanie halten würdest, da du, zu allem Ueberfluß, durch die zwischen uns vorgefallenen Unterredungen, (deren du dich vermuthlich noch besinnest) so trefflich zu dieser Scene vorbereitet warst. Denn du wirst nun leicht begreifen, warum ich zu eben der Zeit, da ich dich des Wohlgefallens der Göttin an der Reinheit deiner Empfindungen versicherte, mir so angelegen seyn ließ, dich zu überzeugen, daß es in ihrem Belieben stehe, durch welche Art von Einwirkung sie sich dir mittheilen wolle. — Spitzbübin! rief ich (wiewohl mit einer Umarmung, die ich ihrer reitzend schalckhaften Miene nicht versagen konnte) ich erinnere mich noch deiner eigensten Worte: „Ist die Liebe, die sie dir einge„flößt hat, nicht ihr eigenes Werk? Kann „Liebe ohne Verlangen, Verlangen ohne „Ausdruck seyn? Die reinste Liebe — Ve„nus Urania kann keine andere erwecken „— veredelt und verfeinert die Sinne, er„höht und begeistert sie, aber vernichtet sie „nicht." — Du hast ein treffliches Gedächtniß, versetzte sie lächelnd; vermuthlich ver-

stehst du nun auch — nachdem wir dir
den Schlüssel nicht nur zu dem was mit
dir vorgenommen wurde, sondern
auch zu dem was in dir vorging, gegeben haben — was ich damit meynte,
als ich zu zweifeln schien, „ob du auch
„einer so rein und ganz sich hinge-
„benden Liebe, wie die Göttin verlange,
„fähig seyest?" — Und gleichwohl, bey
allen diesen Täuschungen, als dir Mamilia mit ihren drey Mädchen in der helldunkeln Wolke von gemahlter Leinwand erschien,
glaubtest du nicht die Göttin der Liebe selbst
mit ihren ewig jugendlichen Grazien zu erblicken, und machte dich diese vermeynte
Theophanie nicht unaussprechlich glücklich? — Weil ich sie für Theophanie
hielt, fiel ich ihr ins Wort: möchtet ihr
mich ewig in diesem Wahne gelassen haben! — Sey versichert, antwortete Theo-

klea, es wäre geschehen, wenn es nicht die Natur selbst unmöglich gemacht hätte, nach dem höchsten Grade von Genuß, dessen die Sinne fähig sind, noch länger getäuscht zu werden. Aber, wer wollte sich, wenn er so glücklich geworden ist als es ein Sterblicher seyn kann, noch beklagen, daß man ihn nicht gar zum Gott gemacht hat? Und zudem, hattest du nicht, in den Stunden da sich die Göttin in Mamilien verwandelte, Augenblicke, worin du dich wirklich vergöttert fühltest? — „O! da war mir Mamilia noch immer die Göttin selbst." — Und sollte sie es nicht, troß aller Aufschlüsse, die du bekommen hast, wieder werden können? sagte Theoklea.

Die Zurückkunft der schönen Römerin, die dieser sonderbaren Unterredung ein Ende machte, verfehlte die Wirkung nicht,

Erster Theil. 311

welche die Tochter des Apollonius, von ihren Reitzungen und meiner starken Anlage immer auf eine oder andere Art zu schwärmen und getäuscht zu werden, erwartete. Meine Verführerinnen glaubten die außerordentlichen Mittel, die nun nicht länger zu gebrauchen waren, auch nicht länger nöthig zu haben. Sie hatten den Zauber, der vorher auf meiner Einbildungskraft lag, nun auf meine S i n n e geworfen, und zweifelten nicht, in der fortwährenden Trunkenheit, worin sie mich durch immer abwechselnden Genuß der ausgesuchtesten Vergnügungen zu erhalten wußten, mich unvermerkt dahin zu bringen, daß meine vorige Denkensart mir selbst endlich eben so lächerlich werden müßte als sie ihnen war. Kurz, sie hofften mich aus dem eifrigsten Verehrer und Nachahmer des Pythagoras und Apollonius in den ausgemächtesten Epikuräer zu verwandeln. Auch in den Künsten, die zu einer solchen Operation erfordert wurden, war Theoklea eine ausgelernte Meisterin; und hätte nur Mamilia mehr Gelehrigkeit für ihre Unterweisungen gehabt, so möchte es ihr, wo nicht auf eine sehr lange, doch gewiß auf eine weit längere Zeit gelungen seyn, mich in dem Taumel zu erhalten, der in den ersten Tagen nach ihrer Zurückkunft mein ganzes Daseyn in einen fortdauernden Moment von Genuß und Wonne verschlang. Aber diese schlaue Mäßigung, die allen Befriedigungen der Sinne so nöthig ist, diese Kunst dem Ueberdruß von ferne schon zuvorzukommen, die Begierde immer lebendig zu erhalten, sie auf tausendfache Art zu ihrem desto größern Vergnügen zu hintergehen, sie in jedem Genuß einen noch vollkommnern ahnden zu laſſen, und dieß alles auf eine so ungezwungene Art und mit so viel Grazie zu bewerkstelligen, daß es Natur scheint — alle diese feinen Künste, worin Theoklea unübertrefflich war, vertrugen sich nicht mit der raschen Sinnesart der feurigen Römerin. Der Zwang, den sie sich hätte auflegen müſſen, um ihren Adonis wie einen Liebhaber, den man verlieren könnte, zu behandeln, war der Tod des Vergnügens in ihren Augen; kurz, sie betrug sich als ob sie wirklich die Göttin wäre, deren Rolle sie so gern spielte, und ihr Günstling hätte nichts geringers als der ewig junge Apollo oder der unerschöpfliche Sohn der Alkmena seyn müſſen, um nicht viel bälder, als sie es vielleicht erwarten mochte, gesättigt, ermüdet, und wieder zu sich ſelbſt gebracht zu werden.

Wie unangenehm die Gefühle und Betrachtungen seyn mußten, die auf dieses zweyte Erwachen folgten, wird dir die Kenntniß, die du bereits von der eigenen Form meiner Seele, und der sonderbaren Vorstellungsart die ihr natürlich war, erlangt hast, anschaulicher machen, als ich es durch irgend eine Schilderung bewirken könnte. Diese Form, diese Vorstellungsart, war mir zu wesentlich, um durch irgend eine zufällige Veränderung ausgelöscht zu werden. Die Trunkenheit, worin mich der Zauberbecher dieser Circe einige Tage lang gesetzt hatte, konnte unter keinen Umständen dauern; Mamiliens verschwenderische Art zu lieben beschleunigte nur den Augenblick des Erwachens. Mein erstes Gefühl in diesem schmerzlichen Augenblicke war die Höhe von welcher ich gefallen war, und die Tiefe worin

ich lag. Aber glücklicher Weife war es
nicht der Sturz eines Ikarus, deſſen
mit Wachs zuſammengeleimte Flügel an
der Sonne ſchmolzen, ſondern der Fall
eines platoniſchen Dämons aus
den überhimmliſchen Räumen in den
Schlamm der gröbern Elemente. Wie
groß auch meine Beſchämung darüber war,
ſo fühlte ich doch, daß mich dieſer Fall
nur erniedriget und beſudelt, nicht zer-
ſchmettert hatte. Die Schwingen meiner
Seele waren nicht zerbrochen; ich konnte
ſie wieder loswinden, mich wieder in die
reinen Lüfte, die ich gewohnt war, empor-
ſchwingen, und die Erfahrungen ſelbſt,
die mich jetzt bemüthigten, konnten mir
dazu dienen, mich künftig vor ähnlichen
Verirrungen zu hüten, und das Ziel meiner innerſten Wünſche deſto ſichrer zu
erreichen.

Dieses Gefühl allein, oder vielmehr die Ahndung dieser Gedanken, und das dunkle Bewußtseyn der in mir liegenden Kräfte und Hülfsquellen war es, was mich in den ersten Augenblicken vor Verzweiflung bewahrte. Aber es fehlte viel, daß Gedanken wie diese gleich anfangs die Oberhand gehabt, und mit ihrer ganzen Stärke auf mich gewirkt hätten. Im Gegentheil, ich wurde finster, mißmuthig und übellaunisch; alles umher verlor seinen Reiz und Glanz, und nahm die Farbe meiner düstern Seele an; ich verachtete mich selbst, und zürnte bitterlich auf diejenigen, die mich dazu gebracht hatten. Und dennoch hatte dieses Seelenfieber seine Abwechslungen, und ich lernte nun verstehen, was Xenophons Araspes mit dem Streit seiner beyden Seelen sagen wollte; denn ich erfuhr es in mir selbst. Ich

Erſter Theil. 317

ſchämte mich, wie ein anderer nektartrunk-
ner Ixion, eine Theatergöttin für Venus Urania genommen zu haben, und erinnerte mich doch mit Entzücken der Augenblicke, wo mich dieſe Täuſchung zum
glücklichſten aller Sterblichen machte; ich
betrachtete in den Stunden der böſen Laune die üppige Mamilia als eine zauberiſche
Lamie, die mich bloß deßwegen nährte
und liebkoſete, um mir alles Blut aus
den Adern zu ſaugen; und bald darauf,
wenn ein Becher voll unvermiſchten Weins
von Thaſos in der ſchönen Hand dieſer
Lamie dargeboten, und zuvor von ihren
wolluſtathmenden Lippen beſchlürft, meine Lebensgeiſter wieder in Schwingung
ſetzte, war ich wieder ſchwach genug, eine
irdiſche Venus in ihr zu ſehen, und in
ihren immer willigen Armen neuen Stoff

zu der bittern Reue zu holen, die meine einsamen Stunden vergiftete.

Wie sehr ich mich auch eine Zeit lang bemühte, diesen peinvollen Zustand meines Gemüthes vor Mamilien und ihrer scharfsichtigen Freundin zu verbergen, so war es doch (wie du leicht denken kannst) eben so verlorne Mühe, als alles was diese Damen sagen und thun konnten, um die einmal aufgelöste Bezauberung der ersten Wonnetage wieder herzustellen. Die Römerin hoffte es durch Verdopplung dessen, was sie ihre Zärtlichkeit nannte, zu bewerkstelligen, beschleunigte aber dadurch die gegenseitige Wirkung. Die Tochter des Apollonius versuchte es auf einem andern Wege. Sie ließ meine Sinne unangefochten, machte bloß die Freundin und Rathgeberin, schien nichts angelegneres zu haben als mich zu beruhigen und mit mir selbst auszusöhnen, und indem sie die Unterredung bey jeder Gelegenheit vom Gegenwärtigen ablenkte und ins Allgemeine spielte, suchte sie mir unvermerkt eine feine Aristippische Art zu philosophieren einleuchtend zu machen, die in ihrem Munde eine so einnehmende Gestalt annahm, daß die ganze Widerspänstigkeit eines zum Enthusiasten gebohrnen Menschen dazu erfordert wurde, nicht von ihr gewonnen zu werden. Sie erhielt indessen doch immer so viel, daß die Grazien ihres Geistes, die sich in diesen Gesprächen in so mancherley vortheilhaftem Lichte zeigen konnten, mir ihren Umgang immer unentbehrlicher und gar bald zu dem einzigen machten, was mich an diesen Ort fesselte. Wir verirrten uns unter diesen Gesprächen zuweilen in ihre Felsenwohnung, oder in das Rosenwäldchen, dessen Anblick so viel angenehme Erinnerungen in meiner Seele wieder anklingen machte; und nicht selten endigte sich dann unser Streit über die Verschiedenheit unsrer Grundbegriffe auf eine Art, die das Uebergewicht der Aristippischen Philosophie über die Platonische völlig zu entscheiden schien; wiewohl im Grunde nichts dadurch bewiesen wurde als die Schwäche des Platonikers, und die große Fertigkeit seiner Gegnerin in dem was man die Sophisterey ihres Geschlechts nennen möchte. Genug, sie verhalf der schlimmern Seele zu manchem schmählichen Sieg über die bessere; aber eben dieß stürzte mich unversehens in jenen gewaltsamen und qualvollen Zustand zurück, der von dem ewigen Widerspruch zwischen einer Art zu denken, deren Wahrheit man im Innersten fühlt, und

einem

einem Betragen, das man immer hintennach mißbilligen muß, die natürliche Folge ist.

Während dieses seltsame Verhältniß zwischen der Tochter des Apollonius und mir bestand, hatte Mamilia, deren Leidenschaften eben so schnell verbrausten als auflogerten, einen neuen Gegenstand für ihre launenvolle Phantasie gefunden. Sie war fast immer abwesend, und schien sich eine geraume Zeit gar nicht mehr um mich zu bekümmern. Ohne Zweifel trug die Ruhe, die sie uns ließ, viel dazu bey, daß auch jenes Verständniß mit Theokleen, das im Grunde weder Liebe noch Freundschaft war, den Reitz ziemlich bald verlor, den es anfangs für mich gehabt hatte. Der leeren Stunden wurden immer mehrere, in welchen der Zweykampf der beyden Seelen sich erneuerte, und der Sieg sich endlich auf die Seite der bessern neigte, ohne daß Theoklea, die es auf der andern Seite an mancherley Kriegslisten nicht fehlen ließ, mehr als einige Verzögerung ihrer gänzlichen Niederlage bewirken konnte. Ich sah mich mit Unwillen und Selbstverachtung wie in den Stall einer neuen Circe eingesperrt; jeden Morgen stand ich von meinem weichen aber meist schlaflosen Lager mit dem Vorsatz zu entfliehen auf, und legte mich jede Nacht mit Grimm über mich selbst nieder, daß ich den Muth nicht gehabt hatte ihn auszuführen.

Einsmals, da ich mit der ersten Morgenröthe aufgestanden war, und in dem abgelegensten Theile des Hayns, der an Mamiliens Gärten stieß, verdrießlich und unentschlossen herumirrte, kam eine reizende weibliche Gestalt zwischen den Bäumen hervorgeschlichen, die mich aufzusuchen schien, und in welcher ich bald eine der vermeynten Nymphen erkannte, die uns in Theokleens Felsenwohnung bedient hatten. Diese Sclavin, Myrto genannt, war eines von den Geschöpfen, die eine allgemeine Empfehlung an die ganze Welt in ihrem Gesichte tragen; und sie redete mich mit so vieler Anmuth und anscheinender Schüchternheit an, daß ich nicht stark genug war, die Unhöflichkeit zu begehen und ihr den Rücken zuzukehren, wie mein erster Gedanke gewesen war, da ich sie erkannte. Sie sagte mir, sie habe schon lange diese Gelegenheit gesucht mich allein zu finden, um mir verschiedene Dinge, die mir nicht gleichgültig seyn könnten, zu entdecken; und nachdem wir uns in einem Gebüsche, wo wir nicht überrascht zu werben besorgen durften, gesetzt hatten, fing sie damit an, mir im engesten Vertrauen eine Menge Anekdoten von Mamillen mitzutheilen, die nicht sehr geschickt waren den Widerwillen zu mildern, den ich bereits gegen diese neue **Venus Pandemos** gefaßt hatte. Aber was der guten Nymphe ganz besonders am Herzen lag, war die allzugünstige Meynung herunterzustimmen, die ich von ihrer Gebieterin Theoklea zu hegen schien. Die umständliche Geschichte, die sie mir von ihr erzählte, würde uns zu weit von der meinigen entfernen: ich will also nur das Wesentlichste davon berühren.

Die sogenannte Theoklea war, unter den Nahmen Chelidonion, Dorkas, Philinna, Anagallis, und einer Menge anderer dieser Art, schon zwanzig Jahre in

Griechenland, Italien und Gallien eine der bekanntesten Personen ihrer Classe gewesen, ehe sie zu Halikarnaß als Prophetin auftrat und sich Theoklea nennen ließ. Ein junger Thessalier hatte sie beynahe noch als ein Kind zu Korinth einem Manne abgekauft, der mit hübschen Mädchen handelte, und ein feines Sortiment von dieser schlüpfrigen Waare beysammen hatte. Ein paar Jahre hernach fand ein alter Epikuräer zu Athen Geschmack an ihr, als sie mit einer kleinen Truppe von herumziehenden Tänzern und Luftspringern in Gestalt einer Flötenspielerin vor seine Thür kam; er nahm sie zu sich und fand großes Belieben daran, die mannigfaltigen Talente, die er in dem Mädchen aufkeimen sah, auszubilden, und ihr die Maximen von Klugheit und Wohlanständigkeit einzuprägen, durch deren Beobachtung sie sich in der Folge so weit über die meisten Personen ihrer Classe erhob. Nachdem sie noch durch verschiedene andere Hände gegangen war, und allerley Abenteuer bestanden hatte, erschien sie zu Antiochia und Alexandria unter dem Nahmen Anagallis als die schönste und geschickteste Mimen-Tänzerin, die man jemals in Syrien und Aegypten gesehen hatte. Sie zeigte sich nach und nach in dieser Eigenschaft in verschiedenen Provinzen des Römischen Reichs, und endlich in Rom selbst, wo sie einige der ersten Senatoren und Hofleute unter ihren Anbetern sah. Nun erschien sie nicht mehr öffentlich auf dem Schauplatze, sondern lebte von den Einkünften ihrer Reitze und Geschicklichkeiten, mit dem verschwenderischen Aufwand einer Person, die es in ihrer Gewalt zu haben glaubt, sich überall die mächtigsten und reichsten zinsbar zu machen. Indessen hörte sie unvermerkt auf neu und jung zu seyn, die Quellen ihres Aufwands flossen immer spärlicher, und sie fand sich endlich genöthiget, in Gallien, Sicilien und Griechenland ihre vorige Profession wieder auszuüben. Da sie aber die große Wirkung nicht mehr that, die sie in der glänzendsten Epoke ihrer Jugend zu thun gewohnt worden war, so gab sie diese Lebensart wieder auf, veränderte ihren Nahmen, und gesellte sich zu einer in Pontus, Kappadozien und Syrien herumwandernden Bande von Isispriestern, deren Gewerbe sie durch ihre erfinderische Einbildungskraft und die Mannigfaltigkeit ihrer Talente sehr einträglich zu machen wußte. In dieser Epoke ihres Lebens, fuhr die Nymphe fort, war es, wo sie sich mit allen den goetischen, magischen und theurgischen Mysterien und Künsten vertraut machte, wodurch sie geschickt wurde einige Zeit darauf, als die besagte Bande durch ein unangenehmes Abenteuer aus einander getrieben worden war, die Rolle einer vorgeblichen Tochter des göttlichen Apollonius zu spielen, und unter dem Schutze der Römerin Mamilia Quintilla, einer erklärten Liebhaberin alles Außerordentlichen, eine Art von Orakelbube in dem heiligen Hayn der Venus Urania, der ein Zugehör ihrer Halikarnassischen Güter ist, aufzurichten. Der Nahme einer Erbin der Wissenschaften des großen Apollonius, der mysterische Schleyer in den sie sich einhüllte, ihre sonderbare Lebensart, und die vielerley Gerüchte, die sie von ihrer prophetischen Gabe, ihrem geheimen Umgang mit den Göttern, und den Wunderdingen die sie verrichtet hätte, unter das Volk zu bringen wußte, fing schon an in Karien und den benachbarten Gegenden zu wirken, und gab der Prophetin gute Hoffnung, in dem Aberglauben begüterter Thoren eine neue ergiebige Quelle von Einkünften zu finden: als die Entschließung der Dame Mamilia, diese Villa zu ihrem gewöhnlichen Aufenthalte zu machen, der ganzen Sache eine andere Wendung gab. Theoklea wurde nun bekannter mit der edlen Römerin, und bemächtigte sich in kurzem ihrer Zuneigung in einem so hohen Grade, daß sie die vertrautesten Freundinnen wurden: und da die Prophetin kein Geheimniß mehr für ihre neue Freundin hatte, so wurde beschlossen, daß sie die angefangene Rolle, wiewohl mit verschiedenen Abänderungen die zu Mamiliens Absichten nöthig schienen, fortsetzen sollte. Die Mysterien der

Venus Urania, zu deren Priesterin sie sich aufwarf, schienen der wollüstigen Römerin eine Menge unterhaltender Scenen zu versprechen, wodurch sie das Einförmige des ländlichen Lebens zu vermannigfaltigen, und ihrem Hang zu romantischen Einfällen und sonderbaren Liebesabenteuern Nahrung zu geben hoffte. Theoklea ordnete alle Einrichtungen an, die in den Gebäuden und Gärten der Villa zu diesem Ende für dienlich gehalten wurden; alles ging nach Wunsch von Statten, und schon mancher Unvorsichtige hatte sich in den Schlingen gefangen, die der treuherzigen oder lüsternen Jugend hier überall gelegt waren, ehe mein Verhängniß, oder — um die Sache mit ihrem rechten Nahmen zu nennen, meine Thorheit mich, wiewohl auf meine eigene Weise, zu ihrem Nachfolger machten. Es wäre, setzte die geschwätzige Nymphe hinzu, zwischen den beyden Sirenen verabredet, daß Mamilia die Unglücklichen, die ihnen in die Klauen geriethen, sobald ihr die Phantasie zu ihnen vergangen wäre, ihrer dienstfertigen Freundin überließe. Dieses schreckliche Schicksal würde, wofern ich es nicht bereits erfahren hätte, auch das meinige seyn. Sie schilderte mir hierauf die Dame mit den vielen Nahmen als eine wahre Zauberin; es sey nicht anders möglich, sie müsse unerlaubte magische Mittel dazu gebrauchen, um die feinsten Männer so unbegreiflich zu verstricken, daß sie in einer Creatur, die der halben Welt angehört habe, und die ohne die Hülfe der Färbekunst, des Pinsels und aller nur ersinnlichen Geheimnisse des Putztisches, der Cumäischen Sibylle gleich sehen würde, die liebenswürdigste Person ihres Geschlechtes zu umarmen glaubten. Aber dieß sey gewiß, daß ich mir vergeblich schmeicheln würde, jemals diesen Ort verlassen zu können, so lange Theoklea mich zurückbehalten wolle; und ich könnte versichert seyn, daß sie dieß so lange wolle, bis sie mich durch ihre verderblichen Liebkosungen zum Schatten abgemergelt, und in ein wahres Gespenst verwandelt haben werde.

Die Lebhaftigkeit, womit die schöne Myrto diese Uebertreibungen vorbrachte, hatte mir ihre Absicht bey dieser ganzen Vertraulichkeit schon verdächtig gemacht, als sie, nach einer kleinen Pause, mit dem Tone des zärtlichsten Mitleidens und mit aller Verführung, die sie in ihre schwarzen Augen legen konnte, fortfuhr: der Gedanke, daß ein so liebenswürdiger Mann wie ein Wachsbild an dem Zauberfeuer einer so schändlichen Empuse dahin schmelzen sollte, sey ihr unerträglich; sie hätte seit dem ersten Augenblicke, da sie mich in der Felsenwohnung gesehen, einen Antheil an mir genommen, der sie zu meiner genauen Beobachterin gemacht habe; sie finde mich eines beffern Looses würdig, und kurz, wenn ich ihre u n e i g e n n ü ß i g e F r e u n d s c h a f t mit einiger Gegengunst belohnen wollte, so fühle sie sich stark genug, mir alle Annehmlichkeiten ihrer Lage in diesem Hause aufzuopfern, meine Flucht zu befördern, und mir, an welchen Ort der Welt es mir gefiele, zu folgen.

Lucian
lachend.

Das uneigennüßige Nymphchen hätte also doch mit dem Rest, den die Empusen von dir übrig gelassen, großmüthig vorlieb genommen?

Peregrin.

Sie war noch uneigennütziger als du denkst; denn es zeigte sich in der Folge, daß sie, wie ihr der Anschlag Alles zu haben nicht gelingen wollte, bescheiden genug gewesen wäre, mich mit den Empusen zu theilen. Ich machte mich mit so guter Art als ich konnte von ihr los, indem ich ihr ein unverbrüchliches Stillschweigen über die Geheimnisse, die sie mir vertraut hatte, angeloben mußte. Die Flucht, womit ich schon mehrere Tage umging, war mit so wenig Schwierigkeiten verbunden, daß ich der Hülfe dieser Sclavin dazu nicht vonnöthen hatte. Aber, anstatt daß ihre geheimen Nachrichten von Theokleens bisherigem Lebenslauf, und die Furcht, die sie mir vor ihrer angeblichen Zauberey einzujagen hoffte, meine Lust zum Fliehen hätten vermehren sollen, fand ich mich nach dieser Unterredung weniger dazu geneigt als jemals: ich konnte mich nicht entschließen, die Villa Mamilia zu verlassen, bevor mich Theoklea eine Probe ihrer so hoch gerühmten Geschicklichkeit in der pantomimischen Tanzkunst hätte sehen laßen. Ich ergriff die erste Gelegenheit, die sich anbot, um zu versuchen ob ich ihr Lust dazu machen könnte, ohne ihr merken zu laßen, daß ich mehr von ihrer Geschichte wiße als sie mir selbst davon zu entdecken beliebt hatte. Es traf sich, daß einer von den Knaben und eines von den kleinen Mädchen, womit dieses Haus so reichlich bevölkert war, während wir bey Tische saßen, die Fabel von Amor und Psyche ganz artig für Kinder ihres Al-

ters tanzten. Ich möchte wohl, sagte ich, nachdem wir ihnen eine Weile zugesehen hatten, ein so schönes Sujet von der berühmten Anagallis tanzen gesehen haben! Mein Wille war, indem ich dieß sagte, so unbefangen dazu auszusehen, daß Theoklea glauben müßte, ich dächte nicht mehr noch weniger dabey, als wenn ich gewünscht hätte die Glycera des Menanders oder die Corinna des Ovidius gesehen zu haben: aber ich erröthete, zu meinem großen Verdruß, so plötzlich und stark bey dem Nahmen Anagallis, daß sie leicht merken konnte, ich müsse mehr von ihr wissen als ich das Ansehen haben wollte. Ohne die geringste Betroffenheit in ihrem Gesichte zu zeigen, versetzte sie: Du hast also auch von dieser Anagallis gehört? Und da ich mich verwunderte, wie sie daran zweifeln könne, flüsterte sie mir lächelnd zu: Ich
bin

bin eine mächtigere Zauberin als du denkst; du sollst sie tanzen sehen, wiewohl sie schon eine geraume Zeit aus der Welt verschwunden ist.

Ein paar Tage darauf lud sie mich zu einem kleinen Schauspiel ein, das sie mir zu Ehren veranstaltet habe. Die Scene war mit zwey Chören von Liebesgöttern, Zephyrn und jungen Nymphen besetzt, die unter einem mit Musik begleiteten Tanz einen Lobgesang auf Amor und Psyche zu singen anfingen. Bald darauf theilten sie sich wieder zu beyden Seiten, und es erschien eine Tänzerin, die mir beym ersten Anblick die nehmliche Psyche darstellte, die ich öfters in Mamiliens Galerie betrachtet hatte; wo sie, von der Hand Actions gemahlt, unter die vorzüglichsten Zierden derselben gerechnet wurde. Ihre Kleidung, von einem sehr zarten, beynahe durchsichtigen indischen Gewebe, dessinierte mit Anstand und Grazie die zierlichste Jugendgestalt, und eine Fülle der feinsten goldgelben Haare floß in großen ringelnden Locken um ihre schönen Schultern den Rücken hinab. Ohne diese gelben Haare hätte sie beym ersten Anblick Theoklea scheinen können; wiewohl die Tänzerin auch noch schlanker und feiner gebildet schien. Ich betrachtete sie mit einem halbschauderlichen Erstaunen, ungewiß wofür ich sie halten sollte, und beynahe zweifelhaft, ob das was ich sehe nicht wirklich ein Wunder der Zauberkünste sey, deren die Sclavin Myrto ihre Gebieterin beschuldigt hatte. Aber das sogleich angehende Spiel ihrer Arme und Hände — oder vielmehr die bewundernswürdige Musik aller Glieder und Muskeln ihres ganzen Körpers, die mit unbeschreiblicher Fertigkeit, Wahrheit und Anmuth zu einem immer mahlerischen und vorbildenden Ausdruck der Fabel, deren verschiedene Scenen sie darstellte, zusammenstimmten — bemächtigte sich meiner ganzen Aufmerksamkeit zu stark, um einem andern Gedanken Raum zu lassen. Dieser pantomimische Tanz — der, ohne Hülfe der Wortsprache, bloß von einer immer melodiösen und ausdrucksvollen Musik unterstützt, in einer allgemein verständlichen und unmittelbar zur Empfindung und Einbildungskraft redenden Sprache, die feinsten Schattierungen nicht nur der stärkern Leidenschaften, sondern sogar der zartesten Gemüthsregungen den Augen mit der größten Deutlichkeit vorzeichnete, oder vielmehr, wenn ich so sagen kann, vorpoetisierte — gewährte mir ein Vergnügen, das nach und nach zu einem nie gefühlten und beynahe unaushaltbaren Entzücken stieg. Aber was wurde erst aus mir, als auf einmal alle Amoretten und Nymphen verschwanden, und die reizende Psyche in meine Arme flog, um mich zu überzeugen, daß sie mir Wort gehalten, und — um mich einen der stärksten Züge aus dem Nektarbecher der Wollust thun zu lassen — wieder Anagallis geworden sey! — O gewiß warst du eine Zauberin, Theoklea! wiewohl in einem andern Sinn als es die uneigennützige Myrto nahm, in dem einzigen, worin es vermuthlich jemals Zauberinnen gegeben hat: denn alles was Natur und Kunst Reitzendes, Verführerisches und Seelenschmelzendes haben, war in dir aufgehäuft! Wer hätte, mit einer Empfindlichkeit wie die meinige, deinen Zaubereyen widerstehen können? — Diese einzige Stunde, Lucian, warf mich auf einmal mitten in den Taumel der ersten Tage meiner Verirrungen zurück; und da die Gefälligkeit der wieder auferstandnen Anagallis eben so unerschöpflich war, als die Quelle dieser neuen Art von Unterhaltung, wozu ich ihr so unverhofft Gelegenheit gemacht hatte: so dauerte dieser neue und letzte Rückfall länger, als ich dir ohne Beschämung gestehen dürfte.

Lucian.

Ich glaube gar, du willst dir noch Leid seyn lassen, daß die Götter des Vergnügens mit ihren Wohlthaten so verschwenderisch gegen dich gewesen sind? Täuschung oder nicht! welcher König (möchte ich mit Anagallis-Theoklea sagen) ja welcher Weise in der Welt hätte sich nicht um diesen Preis täuschen lassen wollen?

Peregrin.

Um die Sache in ihrem wahren Lichte zu sehen, lieber Lucian, mußt du dich in meine eigenste Person hinein denken, und den Zustand, worin du mich so beneidenswürdig findest, mit demjenigen vergleichen, worin ich von Kindheit an aufgewachsen war, und der im Grunde als eine bloße Entwicklung meines Ichs anzusehen ist. Wäre meine vorige Gemüthsverfassung, und die ganze Sinnesart, woraus sie entsprang, bloß das Werk einer unfreywilligen Beraubung angenehm unterhaltender Gegenstände, und also eines nothgedrungnen Bedürfnisses — den Mangel eines reellen Genusses durch Schimären zu ersetzen — kurz, wäre das hohe Selbstgefühl, die innere Ruhe, die Zufriedenheit mit mir selbst, das Ahnden einer erhabenen Bestimmung, und das Aufstreben zu idealischer Vollkommenheit, die mein vormaliges Glück ausmachten, bloße Täuschung gewesen: dann wäre wohl nichts begreiflicher, als warum sie gegen eine Kette der lebhaftesten und ausgesuchtesten Vergnügungen der Sinne und des Geschmacks, welche keine Täuschungen sind, nicht hätten aushalten können. Aber jene Ideen und Gesinnungen, wie viel oder wenig sie auch mit Wahnbegriffen in meinem Kopfe verschlungen seyn mochten, waren meinem Gemüthe natürlich und wesentlich; die moralische Venus, die meinem Geiste vorschwebte, war kein Phantom, sondern ewige unwandelbare Wahrheit; nicht dieses Ideal, sondern meine durch erwachende Naturtriebe überraschte Phantasie, hatte mich in das künstliche Netz gelockt, das meiner erfahrungslosen Jugend von sinnlicher Liebe und Wollust gestellt wurde. Dieß, däucht mich, macht einen großen Unterschied; und bey dieser Bewandniß der Sache ist wohl nichts natürlicher, als daß ich keine dauernde Zufriedenheit in einem Zustande finden konnte, worin tausend andere sich viele Jahre lang den Göttern gleich geachtet hätten.

Doch, es ist ja nicht um eine Erklärung oder Rechtfertigung meiner Art zu seyn und zu handeln, sondern bloß um eine Über-

fälschte Erzählung dessen was ich war und was ich that, zu thun. Der letzte Rückfall in das goldne Netz der Zauberin Theoklea dauerte lange genug, daß ich das Vergnügen hatte mein beliebtes Rosenwäldchen zum zweytenmal in voller Blüthe zu sehen. Während dieser Zeit hatte Mamilia mehr als Einmal den Einfall gehabt, und Mittel gefunden, ihre vernachlässigten Ansprüche wieder geltend zu machen: da sie aber, nach ihrer leichten Sinnesart, bloß die Vergnügung einer augenblicklichen Laune suchte, und weder zu lieben wußte noch geliebt zu werden verlangte; so schien sie mich ihrer Freundin immer wieder mit eben so wenig Eifersucht zurückzugeben, wie sie ihr alles übrige, was sie hatte, zum Gebrauch überließ. Denn dieß that sie mit so wenigem Vorbehalt, daß ein Fremder lange ungewiß bleiben konnte, welche von beyden die Dame des Hauses sey. Ueber dieß brachte sie einen großen Theil der Zeit, die ich noch hier verweilte, bald zu Milet, bald auf ihren Gütern zu Rhodus zu, und schien sich, ohne uns, gut genug zu amüsieren, um von unserm Thun und Lassen keine Kenntniß zu nehmen. Theoklea bediente sich dieser Freyheit mit einer so schlauen Mäßigung, hatte eine so große Mannigfaltigkeit reizender Formen und Umgestaltungen in ihrer Gewalt, wußte auf so vielerley Art zu gefallen, und dem Ueberdruß durch eine so große Abwechslung und eine so feine Mischung der Vergnügungen der Sinne, der Einbildungskraft und des Geschmacks zuvor zu kommen: daß sie sich mit einigem Rechte schmeicheln konnte, einen bey eben so vieler Empfindsamkeit weniger sonderbaren Menschen als ich war, noch ziemlich lange in ihren Fesseln zu erhalten. Indessen konnte sie doch mit allen ihren Künsten nicht verhindern, daß die Täuschung, die dazu gehörte, sich sogar in den Augen eines sehr von ihr eingenommenen Zuschauers in eine Psyche oder Danae oder Leda zu verwandeln, immer schwerer wurde, je öfter man sie in dergleichen Rollen gesehen hatte: und wie nichts unterm Monde vollkommen seyn kann, so war ganz natürlich, daß sie mir, nachdem die Stärke des ersten Eindrucks durch öftere Wiederholung geschwächt worden war, zuletzt immer weiter unter dem Ideale zu bleiben schien, dem sie so nahe als möglich zu kommen sich beeiferte. Die Zeit, da auch dieser Talisman alle seine Zauberkraft an mir verlor, rückte immer näher heran, als die schöne Mamilia auf die Phantasie gerieth, die eingefallenen Dionysien durch ein großes Bacchanal zu feyern, wobey Theoklea die Ariadne und ich den Bacchus vorstellen sollte.

Du wirst mich, denke ich, gerne mit einer Beschreibung dieses Festes verschonen, deſſen ich mich ungern erinnere, wiewohl es würdig geweſen wäre, einem Sardanapal oder Elagabalus gegeben zu werden. Die üppige Römerin, die ſich viel darauf zu gut that, die ganze Einrichtung dieſer Luſtbarkeit mit allen ihren Scenen ſelbſt erfunden und angeordnet zu haben, hatte ſich vorgeſetzt, die Darſtellung eines ächten Bacchanals, wie es von Mahlern und Dichtern geſchildert wird, ſo weit zu treiben als ſie nur immer gehen könnte, und ſie hatte zu dieſem Ende eine ziemliche Anzahl friſcher wohlgebildeter Jünglinge aus ihren weitläufigen Landgütern zuſammengebracht, welche die Faunen und Satyrn vorſtellen mußten, während ſie ſelbſt ſich an der beſcheidenen Rolle einer gemeinen Bacchantin genügen ließ. Aber, ihrer Meynung nach, der feinſte Zug von Imagination an dem ganzen Feſte, und etwas wodurch ſie mich auf eine ſehr angenehme Art zu überraſchen hoffte, war: daß sie mit ihrer immer gefälligen Freundin die Abrede genommen hatte, wenn diese, als Ariadne, ihre Person bis zum letzten Act gespielt haben würde, sich, unter Begünstigung der Dunkelheit, unvermerkt an ihren Platz zu setzen, um das übrige in ihrem Nahmen vollends auszuspielen. Der arme Bacchus, von einer zweyfachen Trunkenheit erhitzt, fand den Betrug, als er ihn endlich entdeckte, so angenehm, daß er in dem Taumel, worein der Zusammenfluß so vieler berauschenden Umstände seine Sinnen setzte, mehr Bacchus war als einem Sterblichen geziemet. Mamilia ließ nichts, was dem Charakter einer Bacchantin Ehre machen konnte, unversucht, ihn dazu aufzumuntern; und um dieses ächte Satyrspiel mit einem recht lustigen Ende zu krönen, mußte zuletzt Ariadne an der Spitze eines Schwarms von Faunen, Satyrn, Mänaden, Amoretten und Nymphen, alle mit Fackeln in der Hand, unversehens dazu kommen, und ihren Ungetreuen, unter einem ungezähmten Gelächter des ganzen Thyasos, auf der That ertappen.

Dieser letzte Zug stellte den bestürzten After-Bacchus auf einmal in die vollkommenste Nüchternheit her, und der Zauber, unter welchem er so lange gelegen, war unwiederbringlich aufgelöst. Ein Mensch, der in einem entzückenden Traume an Jupiters Tafel mitten unter den seligen Göttern gesessen hätte, und im Erwachen sich von Gespenstern, Furien, Gorgonen und Harpyen umzingelt fände, könnte von keinem grauenvollern Erstaunen ergriffen werden, als ich, da ich mich in einer solchen Lage dem unsittigen Muthwillen einer solchen Gesellschaft Preis gegeben sah. Indessen behielt ich doch so viel Gewalt über mich selbst, daß ich die Bewegungen zurückhielt, deren Ausbruch meine Demüthigung nur vergrößert, und die Entschließung, die ich in diesem Momente faßte, vielleicht unausführbar gemacht haben würde. Aber sobald das Unvermögen es länger auszuhalten diesen Scenen der wildesten Schwärmerey endlich ein Ende machte, und die sämmtlichen Bewohner der Villa, die daran Theil genommen hatten, in einen allgemeinen Schlaf versunken lagen: raffte ich mich auf, bekleidete mich mit der einfachsten Kleidung die ich finden konnte, und verließ, ohne von Mamilien und ihrer Freundin Urlaub zu nehmen, mit einem Vorrath neuer Begriffe und Erfahrungen, den ich mit dem Verlust meiner Unschuld und Gemüthsruhe theuer genug bezahlte, diesen verhaßten Boden, ohne auch nur einen Blick auf alle die Wunder der Natur und Kunst, womit er bedeckt war, zurückzuwerfen.

Lucian.

Vermuthlich war dieß gerade was die edle Römerin wollte. Denn, ich kann dir nicht bergen, dieses Bacchanal, und diese Abrede mit der ehrwürdigen Venuspriesterin Anagallis, hat mir ganz das Ansehen eines Anschlags, einen Menschen, der uns lästig zu werden anfängt, mit guter oder böser Art los zu werden. Die scharfsichtige Theoklea kannte dich zu gut, um die Wirkung, die ein so übertrieben ausschweifendes Possenspiel auf dich thun mußte, nicht vorauszusehen; und, so wie ich diese beyden Damen aus deiner Erzählung kenne, war die Lust an solchem Unfug nicht in ihrem Charakter.

Peregrin.

Ich denke du hast es getroffen, ob ich gleich noch immer glaube, daß Theoklea bey dieser ganzen Sache bloß einer gar zu großen Gefälligkeit gegen ihre Freundin

schuldig war. Wie es aber auch damit
seyn mochte, so war doch jeder Tag, um
den ich bälder aus diesen Sirenenklippen
entrann, Dankes werth; und wenn ich ihn
auch dem Ueberdruß der Dame Mamilia
Quintilla schuldig gewesen wäre. Allein
so viel Gutes traute ich ihr damals nicht
zu; ich besorgte vielmehr, daß es einer so
launischen und vielvermögenden Römerin
leicht einfallen könnte, mir nachsetzen zu
lassen. Diese unnöthige Furcht bewog mich,
sobald ich zu Halikarnaß anlängte, anstatt
den Weg gerade nach Milet zu nehmen, tiefer ins Land hinein zu gehen; wo ich einige
Wochen in großer Verborgenheit damit zubrachte, dem was mit mir vorgegangen
war nachzudenken, und zu überlegen, was
für Mittel mir übrig geblieben seyn könnten, das so übel verfehlte Ziel meiner Wünsche zu erreichen.

Ende des ersten Theils.